Die Freundinnen und Freunde der klassenlosen Gesellschaft sind eine Gruppe aus Berlin, die ihre Einflüsse aus den dissidenten Teilen der kommunistischen Linken und der radikalen Bewegungen bezieht, die gegen Staatsgläubigkeit und Parteifetisch die Autonomie der Klasse setzen. Zusammen mit ähnlich ausgerichteten Gruppen in der Schweiz (»Eiszeit«), Hamburg (»Gruppe in Erwägung«), Freiburg (»La Banda Vaga«) und Frankfurt (»Surplus Club«) geben sie die regelmäßig erscheinende Zeitschrift *Kosmoprolet* heraus.

FREUNDINNEN UND FREUNDE DER KLASSENLOSEN GESELLSCHAFT

KLASSE
KRISE
WELTCOMMUNE

BEITRÄGE ZUR SELBSTABSCHAFFUNG DES PROLETARIATS

NAUTILUS FLUGSCHRIFT

Edition Nautilus GmbH
Schützenstraße 49 a
D-22761 Hamburg
www.edition-nautilus.de
Alle Rechte vorbehalten
© Edition Nautilus GmbH 2019
Erste Auflage September 2019
Satz: Jorghi Poll, Wien
Umschlaggestaltung:
Maja Bechert, Hamburg
www.majabechert.de
Druck und Bindung:
CPI – Clausen & Bosse, Leck
ISBN 978-3-96054-206-3

EINLEITUNG

Nach der Rezession die große Regression. Fassungslos sehen die letzten Liberalen zu, wie ausgerechnet auf den höchsten Staatsämtern der Welt eine ebenso mysteriöse wie unbändige »Lust an der Zerstörung« (Bakunin) um sich greift und ihre schöne Ordnung in Trümmer zu legen droht. Die viel beschworene internationale Gemeinschaft, die nach 1989 eigentlich eine üppige »Friedensdividende« einstreichen sollte, ähnelt zusehends einem Haufen von Gaunern, die sich nach undurchschaubaren Kriterien abwechselnd verbünden und an die Gurgel gehen. Weit und breit keine Spur von dem postnational-harmonischen *Empire*, das ein völlig zu Recht vergessener linker Bestseller vor ein paar Jahren lyrisch schilderte. Handelskriege gehen mit handfester Aufrüstung einher, Clowns und Faschisten bekleiden Regierungsposten, in Osteuropa wird der Notstand ausgerufen, wenn am Grenzposten ein Moslem anklopft. Der Spuk hat solche Ausmaße erreicht, dass selbst hartgesottenen Linken schon mal ein anerkennendes Wort über die deutsche Bundeskanzlerin entfährt, in deren kühl kalkuliertem, aber nicht chauvinistisch delirierendem Nationalismus wenigstens die kümmerliche Restvernunft der bürgerlich-liberalen Welt aufgehoben scheint.

Am Dreischritt *Klasse, Krise, Weltcommune* drängt sich heute nur der mittlere Begriff auf: Jeder Pinsel sieht, dass die uns bekannte Ordnung aus dem Leim geht. Auch mit einem weniger lausigen Staatspersonal, als zurzeit mit ihrer Verwaltung betraut ist, wäre es um sie nicht gut bestellt. Auch den nächsten Konjunkturabschwung, der fraglos kommt und die bereits restlos erschöpfte Feuerwehr der Notenbanker und unfreiwilligen Keynesianer kalt erwischen wird, braucht es nicht, um ihre Unhaltbarkeit zu erkennen. Der letzte hat fürs Erste gereicht, und er hat eine Weltgesellschaft getroffen, in der es ohnehin schon gärte.

Von einer *Klasse*, wie man sie sich gewöhnlich vorstellt, ist dagegen wenig zu sehen, und von der *Commune* reden selbst die Linken kaum noch. Die Unruhen reißen nicht ab, aber kaum jemand würde sich einer Arbeiterklasse zurechnen, eher schon dem Volk; von Demokratie ist hundert Mal mehr die Rede als von Revolution. Überall geht es um eine materielle Misere, um das leergefegte Konto am Monatsende, um den Brotpreis, um Altersarmut und Jugendarbeitslosigkeit, aber richten soll es eine andere Wirtschaftspolitik. Statt von der »Expropriation der Expropriateure« (Marx), von Gemeineigentum und planvollem Produzieren ist von Umverteilung, Steuern, Korruption die Rede; wer den schönen Traum vom bedingungslosen Grundeinkommen träumt, gilt fast schon als Radikaler. Und taucht die allseits verdrängte Eigentumsfrage doch einmal auf, dann nur im Rahmen des gesetzlich Erlaubten. Der Gedanke einer ganz und gar illegalen, entschädigungslosen Aneignung von unten, einer Vergesellschaftung der Produktion durch die Lohnabhängigen selbst, die so nicht länger Lohnabhängige wären, sondern frei assoziierte Menschen, scheint aus der Zeit gefallen. Dafür gibt es Gründe.

Überflüssige

Wie vom klassischen Marxismus prophezeit, hat sich in den letzten hundertfünfzig Jahren eine ungeheure Proletarisierung der Welt vollzogen, aber anders als erwartet. Der Glaube der alten Arbeiterbewegung, mit der Geschichte im Bund zu sein, beruhte auch auf der Überzeugung, eine Klasse zu repräsentieren, die unaufhaltsam wachsen und an Macht gewinnen werde. In immer größeren Fabriken konzentriert, sollte ihr *starker Arm* alle Räder stillstehen lassen. In der Bilderwelt der Arbeiterbewegung schlagen muskulöse Hünen mit der Faust auf den Tisch der Herrschenden, auch die Figur des Prometheus gehörte zu ihrem Inventar. Warum muten solche Bilder heute wie Folklore an?

Seit dem letzten Drittel des 20. Jahrhunderts ist immer deutlicher geworden, dass sich die geschichtliche Erwartung des klassischen Marxismus nur zur Hälfte bewahrheitet hat. Mit ihrer himmelweit überlegenen Produktivität hat die moderne Ökonomie alle früheren Wirtschaftsformen zertrümmert, die gesamte Menschheit in Marktbeziehungen gezwungen und einen wachsenden Bevölkerungsanteil in Menschen verwandelt, die zum Verkauf ihrer Arbeitskraft gezwungen sind, weil sie aller anderen Mittel zum Überleben beraubt sind. Nichts anderes verstand Marx unter dem Proletariat, und nie hat es einen größeren Anteil der Weltbevölkerung ausgemacht als heute. Nicht erfüllt hat sich hingegen die Annahme, diese eigentumslosen Menschen würden ein immer größeres, an den Stätten der modernen Produktion bereits zusammengeschweißtes Heer von Arbeitern bilden, das sich nur seiner kollektiven Macht, seiner Unverzichtbarkeit für das Leben der Gesellschaft bewusst werden müsse, um zur Partei des Umsturzes zu avancieren. Bislang vor allem auf der südlichen Halbkugel, mehr und mehr aber auch in den alten Hochburgen des Industriekapitalismus prägt die gegenläufige Tendenz das Bild: ein Überschuss an Arbeitskräften, den wir *Surplus-Proletariat* nennen.

Darin liegt ein Schlüssel zur Entzifferung sowohl der jüngeren Kämpfe als auch der gegenwärtigen Reaktion. Vergleicht man die weltweiten Erschütterungen um 1968 mit denen ab 2008, dann sticht ins Auge, dass sich das Geschehen *weltweit vom Land in die Städte* verlagert hat. Im Westen bildete sich die explosive Mischung aus Jugendrevolte, Fabrikkämpfen und neuer Frauenbewegung natürlich auch damals schon auf dem modernen Terrain der Stadt. Daneben bestimmten um 1968 aber vor allem die – bereits siegreichen oder noch in militärische Konflikte verstrickten – nationalen Befreiungsbewegungen im Süden die Situation, und sie stützten sich von Algerien bis Vietnam vor allem auf Massen von armen Bauern. Mao, ein dubioser Held der westlichen Neuen Linken, sprach es mit der strategischen Losung aus, man müsse »die Städte vom Land her einkreisen«. Ein halbes Jahrhundert später ist dieser Typus von Bewegung ausgestorben. Praktisch überall auf der südlichen Halbkugel wurden die Städte in der Tat vom Land her eingekreist – aber nicht durch sozialistisch drapierte Guerillabewegungen, sondern durch ausufernde Slumgürtel, in denen sich ehemalige Bauern samt Kindern und Kindeskindern sammeln. Von der Modernisierung der Landwirtschaft überflüssig gemacht, finden sie in den neuen Mega-Citys kaum eine reguläre Beschäftigung. Der weltumspannende High-Tech-Kapitalismus hat Milliarden von Menschen in Proletarier verwandelt, mit denen er nichts recht anzufangen weiß.

Was vor diesem Hintergrund an Kämpfen ausbricht, hat nicht nur nichts mit dem mehr gemein, wofür Mao, Che, Onkel Ho und die vielen nationalen Befreiungsbewegungen standen, sondern auch wenig Ähnlichkeit mit der Arbeiterbewegung, wie wir sie kennen. Für Surplus-Proletarier ist der unmittelbare Gegner meistens nicht *der Boss*, den sie entweder als Taschentuchverkäufer, Rikschafahrer oder Schuhputzer gar nicht haben oder gegen den sie, da jederzeit durch einen anderen ersetzbar, weitgehend machtlos sind, sondern *der Staat*, der in Armutsregionen gewöhnlich als autoritärer, korrupter Polizeistaat auftritt, aber, als eine Art vorbeugende Aufstandsbekämpfung mit menschlichem Antlitz, auch lebenswichtige Nahrungsmittel subventioniert. Ihr Kampfmittel ist meistens nicht der *Streik*, sondern der *Krawall* sowie neuerdings die *Besetzung öffentlicher Plätze*, auf denen sich für kurze Zeit eine bessere Gesellschaft andeutet. Das ist, in einem Satz, die Geschichte des arabischen Frühlings von 2011, die sich seitdem von Marokko über Algerien bis in den Sudan fortgesetzt hat und dies auch weiterhin tun dürfte: Ein Aufbegehren städtischer Armer gegen das politische Regime, das ihre Armut mit wenig Zuckerbrot und viel Peitsche verwaltet, von überwiegend jungen und oft sogar gut ausgebildeten Leuten, die kaum Aussicht auf ein geregeltes Einkommen haben. Mit irgendwelchen Eigenarten der »arabischen Welt« hat das selbstredend nichts zu tun. Ganz ähnlich verliefen zum Beispiel die jüngsten Auseinandersetzungen in Nicaragua, wo geplante Sozialkürzungen zunächst Massenproteste und dann eine blutige Repression auf den Plan riefen. Massenproteste, die sich wie in Algerien gegen eine ehemalige Revolutionspartei richteten, deren aus der Ära der bäuerlich-nationalen, antiimperialistischen »Befreiung« stammender Glanz längst verblasst ist, seit sie die profane Aufgabe hat, ihrem zurückgebliebenen Land einen Platz auf dem Weltmarkt zu sichern. Mehr als Armutsverwaltung haben auch die linken Guerilleros und nationalistischen Generäle von gestern bis vorgestern nicht im Programm. Jetzt plagt sie die Klassenfrage, die unter dem Banner der nationalen Befreiung verdrängt werden konnte.

Sozialrevolutionäre Linke könnten aus der veränderten Lage in vieler Hinsicht Hoffnung schöpfen. Die historische Spaltung von Bauern- und Arbeiterkämpfen und die ihnen zu Grunde liegenden Ungleichzeitigkeiten machen einen Gutteil des Scheiterns der Revolutionen des 20. Jahrhunderts aus. Mit dem Umzug der globalen Bevölkerungsmehrheit in die Städte, verbunden mit höherer Alphabetisierung, einem Aufbrechen dörflich-patriarchaler Familienverhältnisse und Zugang zu modernen Kommunikationsmitteln, hat sie an Bedeutung verloren und bewegen sich Kämpfe rund um den Globus eher im selben Horizont. Die Vermengung antikolonialer und sozialer Befreiung, die früher ihren Grund hatte – die Kolonien waren kaum von Proletariern bevölkert, aber befreien mussten sie sich ohne Frage –, ist erst Recht eine Sache der Vergangenheit. Die bürokratischen Apparate der Gewerkschaften und Arbeiterparteien, die früher die Macht der Arbeiter ausgedrückt, sie aber letztlich in geordnete Bahnen kanalisiert haben, spielen kaum irgendwo eine nennenswerte Rolle. Niemand will mehr »Arbeiterstaaten« aufbauen, und das Misstrauen gegenüber allen selbsternannten Führern dürfte noch nie so ausgeprägt gewesen sein; nicht umsonst kam mit Blick auf die Unruhen von 2011 die Rede von *leaderless revolutions* auf. Und deutet sich in den heftigen Straßenschlachten der Gegenwart nicht viel eher ein revolutionärer Bruch an als in den klassischen Streiks der Vergangenheit, die meistens von vornherein auf Kompromisse zielten?

Solche optimistischen Lesarten kommen zurzeit in Mode, und vieles treffen sie zunächst. Oft geraten sie aber im Handumdrehen zur Ideologie, weil sie die neue weltweite Konstellation versimpeln und umstandslos mit eigenen revolutionären Wünschen kurzschließen, in Wunschdenken münden. So besagt etwa eine in Amerika elaborierte »Theorie des Aufstands«, die nach der Hamburger Großrandale von 2017 auch hierzulande offene Ohren findet, mit dem wachsenden Heer von Überflüssigen sei die Zeit der Streiks, von Kämpfen in der Produktion überhaupt, abgelaufen und eine Ära der Aufstände angebrochen und das sei auch gut so, denn die alte um die Produktion herum organisierte Arbeiterbewegung habe sich als Reinfall erwiesen, sei immer schon und zwangsläufig auf Ausgleich, Integration, Sozialpartnerschaft geeicht gewesen, während nunmehr, in den neuen städtischen Riots, die Unterklassen und das System unvermittelt aufeinanderprallten; endlich erscheine so »am Horizont die Commune« (Joshua Clover).

Das ist insofern allenfalls die halbe Wahrheit, als neben dem wachsenden Surplus-Proletariat vor allem in Asien auch neue Industriearbeiterklassen entstanden sind, wie sie klassischer kaum sein könnten. Selbst in China bilden sie zwar, anders als der Augenschein nahelegt, einen kleineren Teil der Arbeitsbevölkerung als etwa im Westeuropa und Nordamerika der 1950er und 1960er Jahre, doch das Zerrbild einer Ära, in der Streiks angeblich aussterben und praktisch überall nur noch pauperisierte Massen mit Barrikadenbau und Plünderungen beschäftigt sind, widerlegen sie allemal; in Indien, als Musterbeispiel für *jobless growth* von massenhafter Unterbeschäftigung geplagt, soll kürzlich immerhin der größte Streik der Menschheitsgeschichte stattgefunden haben. Nur die halbe Wahrheit ist es außerdem, weil die Zeit der klassischen Arbeiterbewegung, die in der »Theorie des Aufstands« das konformistische Kontrastbild zur wilden Ära der Riots abgeben muss, an den Rändern oder jenseits dieser Bewegung immer auch Subversives umfasste. Die großen Fabriken waren nicht nur Schauplatz einer fortschreitenden gewerkschaftlichen Integration, sondern auch von Sabotage, Besetzungen und Räten. Umgekehrt verdienen die jüngeren *leaderless revolutions* der städtischen Armen ihren Namen nicht, weil sie zwar *leaderless*, aber bislang nirgends *revolutions* gewesen sind. Letztlich drehen solche »Theorien des Aufstands« nur die biedere sozialistische Ideologie der Vergangenheit um: Der produktive Arbeiter tritt nicht mehr als hammerschwingender Halbgott, sondern als von Haus aus angepasster Stehkragenproletarier auf, der früher misstrauisch beäugte »Lumpenproletarier« dagegen als steineschmeißender Revolutionär par excellence. Und wer ausgerechnet in einer Randale, der der sichere Abstand zur Produktion als historischer Pluspunkt zuerkannt wird, »am Horizont die Commune« aufleuchten sieht, versteht unter der Commune offenbar etwas anderes als die Abschaffung der Klassen in einem freien, auf Gemeineigentum an den Produktionsmitteln gegründeten Verein von Menschen.

Die Kostüme von 1789

Mit den meisten Unruhen der letzten zehn Jahre, von den Aufständen in Nordafrika bis zum eigentümlichen Treiben der Gelbwesten in Frankreich, hat sich der Klassenkonflikt auf das Terrain der Politik verschoben, auf dem sich nicht mehr Lohnabhängige und Kapital, sondern Volk und Regierung gegenüberstehen. Die Nationalfahne als treuer Begleiter der Protestierenden zeugt davon. Unter Militärdiktaturen scheint dies fast zwingend und steht insofern erst einmal jenseits aller Kritik: Nicht anders als früher gegenüber Feudaladel und Krone tritt *das Volk* hier als Verein von Bürgern auf, die Schutzrechte gegen Willkürherrschaft und grundlegende Freiheiten einklagen, ein Ende unerträglicher Polizeigewalt und politischer Knechtung. Dass sich die Kairoer Slumbewohnerin mit diesem Anliegen in einer Front mit dem Internetunternehmer wiederfindet, der eigentlich nur Rechtssicherheit für seine Plusmacherei will, können ihr nur Linkssektierer vorwerfen, und angenommen, die ägyptischen Unterklassen hätten tatsächlich wie angekündigt das alte Regime zum Teufel gejagt, dann hätten sie sich danach unter deutlich günstigeren Bedingungen mit den Unternehmern anlegen können. Soweit zumindest das schöne Gedankenspiel. Dass in der Realität nicht einmal der erste Schritt geglückt ist, dürfte wiederum in der berühmten »letzten Instanz« (Engels) ökonomische Gründe haben: Eine Masse von Pauperisierten lässt sich leichter unter der Knute halten als eine starke Arbeiterklasse, die das Land mit Streiks lahmlegen kann.

Wo materielles Elend und politische Unterdrückung so fugenlos verschweißt sind wie in solchen Landstrichen, hat die Forderung auch nur nach *bürgerlicher* Demokratie in jedem Fall ein überschießendes Moment. Anders sieht es dort aus, wo diese Demokratie zwar auch nicht immer dem entspricht, als was sie heranwachsenden Staatsbürgern in der Schule eingebimst wird, grundsätzlich aber durchgesetzt ist. Und auch dort hat sich der Unmut über Massenarbeitslosigkeit, grassierende Prekarität und Sozialkürzungen meistens als Ruf nach *echter Demokratie* ausgedrückt. Die existierende gilt als Betrug. Die spanischen *Indignados,* die sich nicht mehr repräsentiert fühlten und auf besetzten Plätzen daher selbst repräsentierten, die protestierenden Griechen, die das wie am Fließband Sparpakete beschließende Parlament als »Bordell« betrachteten, die amerikanische Occupy-Bewegung, die im Namen der »99 per cent« auftrat, oder zuletzt die französischen Subproletarier und absteigenden Mittelschichten, die sich die phrygische Mütze von 1789 aufsetzten, die Marseillaise anstimmten und gegen das »Regime Macron« randalierten: Alle deuten die Misere, die ihnen ein angeschlagener Kapitalismus einbrockt, als Folge eines Demokratiedefizits.

Alle sollen abhauen!, wie es zuerst im argentinischen Aufstand von 2001/02 hieß, ist so zur Losung der Stunde geworden, aber auch nicht besonders wörtlich zu nehmen. Es ist das jeweils amtierende Staatspersonal, das den Zorn der Bevölkerung auf sich zieht, deren Versuche, abseits der Politik etwas Neues zu schaffen, nie von Dauer sind und bislang ein ums andere Mal genau diese Politik erneuert haben. Die Halbwertzeit der Selbstorganisation währt heutzutage nicht lange. *Occupy!* mündete in den Wahlkampf von Bernie Sanders, der sein sozialdemokratisches Programm großzügig als *Our Revolution* bewirbt, die *Indignados* verwandelten sich in Podemos, die griechischen Proteste spülten die unglückselige Syriza an die Macht. Mit Anarchismus hat die heute grassierende Wut auf »die Politik« wenig gemein. Abhauen sollen die, die ihren Job nicht gut gemacht haben. Dem Ganzen liegt eine tiefe Ambivalenz zugrunde: Die Wut speist sich aus einer enttäuschten Erwartung; das Parlament soll kein »Bordell« sein, sondern dem Volke dienen.

Populismus und die Schimäre der linken Politik

Wenn heute überall das Gespenst des Populismus umgeht, dann weil die Lohnabhängigen zum einen wie immer die Krise ausbaden mussten und ihnen die Rechnung zu großen Teilen vom Staat präsentiert wurde, sie zum anderen seit dem Abebben der Klassenkämpfe in den 1970er Jahren immer weniger überhaupt noch eine Klasse bilden, die sich ihrer selbst bewusst ist und über die Macht verfügt, gemeinsam ihr Leben zumindest weniger unerträglich zu machen. Massenarbeitslosigkeit, Flexibilisierung, die Zerlegung von Betrieben und eine historisch beispiellose globale Konkurrenz haben die Arbeiter im Westen geschwächt. Gleichzeitig teilen immer mehr Leute ihr Los, die man früher niemals der Arbeiterklasse zugerechnet hätte; das Heer von akademisch ausgebildeten Arbeitslosen im Süden Europas kann ein Lied davon singen. Im Ergebnis hat man zwar nicht die beschworenen *99 per cent*, aber einen riesigen Bevölkerungsanteil, der sich auf einem verwilderten Arbeitsmarkt wiederfindet, ohne viel Ähnlichkeit mit dem zu haben, was früher Arbeiterklasse hieß. Was *als Klasse* in den Arbeitsverhältnissen atomisiert wurde, findet sich *als Volk* auf den Straßen und an den Wahlurnen zusammen.

Der Zuspruch zum Populismus ist in dieser Situation nichts anderes als der Ersatz für einen Klassenkampf, der gegen einen übermächtigen Gegner immer schwerer fällt. Gerade weil sie in der Krise tatsächlich angeschlagen sind, befinden sich die Unternehmen gegenüber den Lohnabhängigen in einer ausgezeichneten Lage. Der legendäre Satz eines deutschen Gewerkschafters, die Kuh, die man melken wolle, dürfe man nicht schlachten, ist zwar mustergültiger Fetischismus im Sinne von Marx: Das Kapital erscheint als so natürlich wie ein gutmütiges Vieh und als produktiv; dass in Wirklichkeit die Arbeiter »gemolken« werden, verkehrt sich in diesem Bild ins Gegenteil. Trotzdem drückt es die Realität aus, dass an erster Stelle immer der Profit kommt, weil es sonst kein Unternehmen und folglich auch keine Arbeitsplätze mehr gibt. Wer stellt schon Forderungen, wenn gerade die halbe Belegschaft entlassen wurde?

Der rechte Populismus behauptet, der Kuh könne es blendend gehen, wären da nicht die EU-Bürokraten, die Steuerlast, die korrupte politische Kaste, die Chinesen, die Klimalüge und vor allem die vielen Einwanderer, die sich an ihr Euter drängen. Der linke dagegen, sie sei eine Simulantin, es gehe ihr in Wahrheit viel besser als behauptet, die Reichen wüssten schließlich gar nicht mehr, wohin mit dem vielen Geld, weshalb sie es in windigen Finanzgeschäften verzockten. Wohlstand für alle, das sei mit der richtigen, *volkswirtschaftlich vernünftigen* Politik durchaus machbar, dann könnte man sogar ein paar – aber nicht alle! – Einwanderer ins Land lassen. Deren Los dürfe aber nicht im Mittelpunkt stehen, und von dem ganzen modernen Gender-Klimbim dürfe die Linke auch nicht so viel reden, wenn sie beim kleinen Mann punkten wolle. Finanzmarktregulierung, Umverteilung, Konjunkturprogramme, das sei das Gebot der Stunde.

Dass die erste Variante die ekligere ist, versteht sich von selbst. Ob die Arbeiter sie neuerdings tatsächlich in Scharen wählen, wie mit Blick auf Brexit, Trump und andere Desaster behauptet wird, wäre zunächst einmal zu prüfen. Entscheidend ist aber so oder so, was der Reaktion entgegengesetzt wird. Dass der Linkspopulismus ihr insbesondere mit der Entdeckung der Nation, aber auch mit der Abwehr von Geschlechterfragen selbst in die Hände spielt, ist zu Recht kritisiert worden. Wenn etwa Didier Eribon daran festhält, *Volk* könne keine emanzipatorische Kategorie sein und das Gegeneinanderausspielen von Klasse und Geschlecht sei verkehrt, dann spricht er eine Selbstverständlichkeit aus. Weiter dringt die linke Kritik des Linkspopulismus aber selten vor. Im Grunde geht es nur darum, welchen Rang man verschiedenen Interessen- respektive Wählergruppen beimisst. Die einen schielen auf Heinz Napf, den einfachen Arbeiter, dem es um die Rente geht und die Unisex-Toilette scheißegal ist, die anderen machen in »Intersektionalität«, wie der neueste Exportschlager aus der soziologischen Fakultät heißt. Hier wie da sind die Lohnabhängigen bloß Objekt staatlicher Politik. Auch Eribon schlägt, um das Abwandern von Arbeitern nach ganz rechts aufzuhalten, nichts weiter vor als eine Erneuerung der linken Sozialdemokratie, »denn jene, die keine Stimme haben, können nur sprechen, wenn sie von jemandem vertreten werden, wenn jemand für sie, in ihrem Namen und in ihrem Interesse spricht«. Deshalb ist die »Rolle der Parteien« für Eribon »fundamental«. Unter Pädagogen gesprochen: *Ja, die proletarischen Wähler der Rechtspopulisten sind missraten. Aber seien wir ehrlich: Wir haben sie auch vernachlässigt.*

Ob populistisch oder nicht, linke Stellvertreterpolitik ist per definitionem auf den Staat gepolt, dem deshalb ungeheure Gestaltungsspielräume zugeschrieben werden müssen. Entsprechend gilt die Krise nicht mehr als zwangsläufiges Ergebnis einer verkehrten Produktionsweise und als Chance, dieselbe aus der Welt zu schaffen, sondern gut bürgerlich als Betriebsunfall, den eine weitsichtigere Politik – Finanzmärkte an die Leine nehmen! Massenkaufkraft stärken! – hätte vermeiden können; der Staat nicht mehr als bewaffneter Hüter dieser Ökonomie und vollständig abhängig von deren endlosem Auf und Ab, sondern als souveräne Entscheidungszentrale, die die Wirtschaft unter beliebige Zwecke setzen kann: Warum nicht mal zur Abwechslung »Menschen vor Profite«? Schon Jahre vor dem letzten Crash hat Ellen Meiksins Wood einen eigenartigen Rollentausch beobachtet: Heute ist es die Rechte, die auf den Grenzen des Systems besteht, während die Linke praktisch nichts kennt, was sich in seinem Rahmen nicht prinzipiell verwirklichen ließe. »Was«, so Woods zielsichere Frage, »wenn die Rechte Recht hat? [...] Was, wenn wir zugeben müssen, dass der Sozialstaat und die Arbeitsverhältnisse nicht mehr kompatibel sind mit der Rationalität des schnellen Profits, ebenso wenig mit langfristiger Konkurrenzfähigkeit und mit Wachstum? Was, wenn die Zukunft des westlichen Kapitalismus wirklich abhängig ist von der Senkung des Lebens- und Arbeitsstandards?« Dann ist es mit der linken Politik natürlich Essig und es stellen sich ganz andere

Fragen. Dass es so ist, dafür bietet die neuere Geschichte Anschauungsmaterial. Selbst mit weniger sadistischen Kreditgebern im Nacken hätte die griechische Linksregierung kaum soziale Wohltaten vollbringen können. Die Kuh, die man melken will, darf man nicht nur nicht schlachten, man muss sie überhaupt erst mal auf die eigene Weide locken. Glaubt jemand ernsthaft, höhere Löhne, kürzere Arbeitszeiten und üppigere Sozialausgaben seien das Programm, das die Investoren Schlange stehen lässt? Die Wahrheit über den globalen Kapitalismus findet man nicht in linken Wahlprogrammen, sie lässt sich an den »Sonderwirtschaftszonen« genannten Orten des Schreckens besichtigen, mit denen die Staaten eine »erbitterte internationale Konkurrenz um Industriejobs« (Weltbank) austragen. Den Textilfabrikanten sind inzwischen auch die chinesischen Arbeiterinnen zu teuer geworden. Sie ziehen weiter nach Äthiopien, wo der Monatslohn bei 35 Euro liegt. Welche Zauberkräfte müsste eine linke Regierung besitzen, um solche Gesetze des Weltmarkts auszuhebeln?

Weltcommune

Die Sprengkraft der Situation liegt nicht darin, dass irgendwo Forderungen laut würden, die für sich genommen über den Status quo hinausweisen. Explosiv scheint die Lage vielmehr, weil das, was die Leute auf den Straßen verlangen, von der bestehenden Ordnung nicht mehr gewährleistet werden kann. Ob die rebellierenden Armenhäuser auf dem afrikanischen Kontinent zwangsläufig mit harter Hand von Generälen regiert werden müssen oder sich nicht auch demokratischer im Zaum halten lassen, wird man sehen, und sicherlich würde die Gesundheitsversorgung für alle, in der sich der Sozialismus eines Bernie Sanders praktisch erschöpft, den amerikanischen Kapitalismus nicht in den Bankrott treiben. Dass aber alle ein geregeltes Auskommen finden, scheint im Zeitalter des Surplus-Proletariats geradezu utopisch. Mit dem letzten Kriseneinbruch hat in dieser Hinsicht vielmehr eine Angleichung nach unten stattgefunden: Massenarbeitslosigkeit und Prekarität sind in Südeuropa zur neuen Normalität geworden.

Zu einer mittlerweile resigniert hingenommenen Normalität konnten sie werden, weil alle Versuche, die Massenverarmung abzuwenden, an den gegebenen Verhältnissen gescheitert sind und scheitern mussten, andere Verhältnisse aber kaum irgendwo ins Auge gefasst wurden. Darin findet die Misere ihren letzten Grund. Wenn alle Hoffnungen auf ein besseres Leben oder wenigstens auf ein weniger schlechtes immer wieder an die Politik delegiert werden, nur um eben dort genauso regelmäßig zu platzen, dann vor allem deshalb, weil dort, wo sich die wirklichen Fragen stellen – auf dem Feld der Produktionsverhältnisse –, nicht nur ein Eigentumsrecht herrscht, das im Notfall mit härtester Gewalt verteidigt wird, sondern auch eine Ratlosigkeit der Beherrschten, wie sie das Ganze anders gestalten könnten. Dieses Ganze hat sich gegenüber den Milliarden von Menschen, die es gemeinsam tagtäglich am Laufen halten, aber nicht *bewusst gemeinsam*, sondern als ebenso viele kleine Rädchen in einer unüberschaubaren Riesenmaschine, noch nie so verselbständigt wie heute. Neben einem Containerschiff ist jeder ein Wurm.

Was im vorliegenden Büchlein *Weltcommune* heißt, ein freies Gemeinwesen, das Lohnarbeit und Marktwirtschaft hinter sich lässt, ohne erneut zentralistische Planungsbehörden auf den Schild zu heben, kann angesichts dessen weltfremd wirken. Utopisch im schlechten Sinne ist es nicht. Der Entwurf stützt sich auf den kaum abwegigen Gedanken, dass die ungeheuren Mittel der Reichtumsproduktion, die sich heute in einem wachsenden Heer von Überflüssigen niederschlagen, unter gemeinsame Regie gebracht allen viel freie Zeit bescheren könnten und eine dezentrale Koordination technisch noch nie so einfach war. Er geht aber auch von den jüngsten Kämpfen aus. Die in den Städten konzentrierte lohnabhängige Bevölkerung hatte weltgesellschaftlich noch nie ein solches Gewicht wie heute, und wo sie sich auflehnt, sind Spontaneität und Selbstorganisation nicht mehr wie früher das Alpha und Omega kleiner linksradikaler Minderheiten, sondern fast die Regel geworden. Wer öffentliche Plätze besetzt und dort das Alltagsleben neu gestaltet, so die Spekulation, der könnte vielleicht auch Betriebe besetzen und gemeinsam gestalten. Wer ohne Führer Regierungen stürzt, der könnte vielleicht auch auf die Idee kommen, ohne Staat das gesellschaftliche Leben zu regeln. Die Aufgaben sind immens, aber einen anderen Ausweg gibt es nicht. Ohne eine ungefähre Ahnung von dem, was die jetzige zerschlissene Ordnung ablösen könnte, wird auch alles zukünftige Aufbegehren im Hamsterrad der Vorgeschichte gefangen bleiben. Anstatt über linken Regierungsprogrammen zu brüten, die im Moment des Amtsantritts naturgemäß zu den Akten gelegt sind, können die im Moment noch verstreuten, schwachen subversiven Kräfte schon jetzt die Frage der *egalitären Aneignung* stellen.

Und das nach Möglichkeit nicht nur auf geduldigem Papier: »Jeder Schritt wirklicher Bewegung ist wichtiger als ein Dutzend Programme.« (Marx)

28 THESEN ZUR KLASSENGESELLSCHAFT

I. Der Siegeszug der klassenlosen Klassengesellschaft

1
Das vorläufige Resultat der Geschichte des Kapitals in seinen fortgeschrittenen Zonen stellt sich als klassenlose Klassengesellschaft dar, in der das alte Arbeitermilieu in einer verallgemeinerten Lohnabhängigkeit aufgelöst ist: *überall proletarisierte Individuen, nirgends das Proletariat*, nicht als erkennbare Gruppe von Menschen und erst recht nicht als kollektiver Akteur, als negative, auflösende Seite der Gesellschaft. Aus gelegentlichen Arbeitskonflikten werden keine Klassenkämpfe, in denen um die Zukunft der Gesellschaft gerungen würde, denn die alte proletarische Bewegung ist restlos in der herrschenden Ordnung aufgegangen und eine neue noch nicht in Sicht.

2
Die klassenlose Klassengesellschaft ist das Kind der alten Arbeiterbewegung und des modernen Staates. Sind in den Klassenkämpfen des 19. und 20. Jahrhunderts immer wie-

der weiterreichende Momente aufgeblitzt, so fand sich die erdrückende Mehrheit der Arbeiter in Organisationen gut aufgehoben, deren Politik ungeachtet aller revolutionären Rhetorik darauf hinauslief, die Emanzipation der Arbeiter auf dem Boden und mit den Mitteln der bürgerlichen Gesellschaft selbst durchzusetzen – in den Gewerkschaften sowie den sozialistischen und kommunistischen Parteien der II. wie auch der III. Internationale, die schon bald revolutionäre Prinzipien wie den Antiparlamentarismus fallen ließ und schließlich durch und durch stalinisiert wurde. Ausnahmen bildeten nur kleine radikale Minderheiten wie die IWW in den USA, die Anarchosyndikalisten und die Linksradikalen in oder jenseits der sozialistischen Parteien. So lösen die Erfolge der alten Arbeiterbewegung schließlich das proletarische Milieu auf, in dem sie verankert war; ein Milieu, dessen unbestrittenes Herz die Fabrik bildete, doch in Gestalt von Arbeitersportvereinen, Arbeiterpresse, Arbeiterquartieren etc. pp. nicht weniger als eine eigene Gesellschaft innerhalb der bürgerlichen bildete. Zwar hat die staatliche Sozialpolitik, vom Versicherungswesen bis zum Städtebau, gezielt an der Abschleifung dieses Milieus gearbeitet – wobei im Falle Deutschlands die Bedeutung des Nazismus kaum überschätzt werden kann –, doch sein Untergang in allen fortgeschrittenen Ländern verdankt sich in erster Linie der Kapitalisierung der Gesellschaft, die eine Emanzipation der Arbeiterklasse aus politischer Rechtlosigkeit und materieller Not erlaubte. Einer »Logik des Kapitals« folgt diese historische Entwicklung nur insoweit, als diese Logik den Klassenkampf einschließt.

3

Zentral in dieser Konfrontation ist die Auseinandersetzung um Löhne und die Länge des Arbeitstags. Nur der Widerstand der Arbeiterinnen und Arbeiter erzwingt seine fortschreitende Verkürzung und untergräbt die früher erdrückende Zentralität der Arbeit in ihrem Leben, ohne sie jemals wirklich überwinden zu können. Die Kapitalisten können die Ausbeutung, das Auspumpen von Mehrarbeit, nicht mehr durch Verlängerung des Arbeitstags steigern; ebenso verhindert der Widerstand der Arbeiter Lohnsenkungen. Der Wert der Ware Arbeitskraft wird nun vielmehr gesenkt, indem die Lebensmittel der Arbeiter verbilligt werden. Diese Steigerung des relativen Mehrwerts bedeutet, dass die Ausbeutungsrate, das Verhältnis von bezahlter zu unbezahlter Arbeit, erhöht werden kann, *obwohl* die Arbeiterinnen kürzer arbeiten *und* sich für ihren Lohn mehr kaufen können. Der Siegeszug des Reformismus gründet in der damit gegebenen Möglichkeit einer partiellen Versöhnung von Kapitalisten und Arbeitern, weil die einen weiter akkumulieren können, ohne dass den anderen zwangsläufig immer mehr genommen werden müsste, sie tatsächlich immer weniger bloße Habenichtse sind. Wie bedeutend die koloniale Gewaltgeschichte auch für die Entstehung des Kapitalismus gewesen sein mag: Der Reichtum der entwickelten kapitalistischen Gesellschaften gründet nicht in kolonial angeeignetem Extraprofit, in der Überausbeutung der Arbeiterinnen und Bauern in der sogenannten Dritten Welt, sondern in der ungeheuren Steigerung der Produktivkraft der Arbeit. Löhne und Profite stellen kein Nullsummenspiel dar. Ebenso illusorisch ist die entgegengesetzte Auffassung, dieser Zustand sei stabil und krisenfrei, verallgemeinerbar und obendrein immer weiterzutreiben, bis sich die Gesellschaft des Kapitals in ein Arbeiterparadies verwandelt. Wir sind gegenwärtig Zeugen des Untergangs der Konstellation, der diese reformistische Illusion ihre Kraft verdankte.

4

Was sich nach der Seite der Ökonomie hin als Durchsetzung relativer Mehrwertproduktion und der daraus resultierenden materiellen Besserstellung der Arbeiterklasse darstellt, vollzieht sich nach der Seite der Politik hin als Anerkennung der Proletarier als Staatsbürger. Der Klassenstaat der Bourgeoisie mutiert zum klassenübergreifenden Gesellschaftsplaner, dessen Politik, formal betrachtet, alle gleichermaßen bestimmen dürfen; anfangs noch durch Klassenparteien, die allmählich zu Volksparteien werden. Wie der Supermarkt weder Proletarier noch Kapitalisten kennt, sondern nur den zahlungskräftigen Konsumenten, so die Wahlurne nur den Staatsbürger. Mehr und mehr wird das Leben der Proletarier durch den Staat vermittelt – durch seine Arbeitsschutzgesetze und Sozialleistungen (die von Löhnen und Mehrwert abgezweigt werden, im einen wie im anderen Fall also auf der Arbeit der Proletarier beruhen), seinen Wohnungsbau und seine Schulen, nicht zu vergessen seine Investitions- und Beschäftigungsprogramme. Gegenüber dem Anarchismus, der den Staat nur als äußerlichen Gegner kannte, als Geheimpolizei, Gefängnis, kurz: Gewalt, setzen sich die etatistischen Strömungen in der Arbeiterklasse durch, die diesen Staat mit proletarischem Antlitz zu Recht als *auch ihr* Geschöpf begreifen und lieben lernen. Während sich der italienische Faschismus als proletarische Nation imaginiert, erklären die Nationalsozialisten den 1. Mai zum Feiertag und erringen die neuen amerikanischen Industriegewerkschaften ihre größten Erfolge unter Roosevelts New Deal, errichtet Stalin das *Vaterland aller Werktätigen*, die irgendwann einmal vaterlandslos gewesen waren. Es ist mehr als ein Nebeneffekt, dass sich damit auch die bürokratische Kontrolle der Gesellschaft bis zur Perfektion entwickelt. Der proletarische Internationalismus und die Selbstorganisation des Arbeitermilieus sterben ab im Rhythmus der Verstaatung der Gesellschaft, die in der Nationalisierung der Massen und zwei Weltkriegen gipfelt.

5
Als die Krise von 1929 die bürgerliche Ratio entblößte und den *Golden Twenties* des sozialdemokratischen Reformismus ein abruptes Ende bereitete, rettete sich die herrschende Ordnung in Deutschland in den offenen Irrsinn der Rasse und die Gewalt des autoritären Staates. Nirgends wurde die klassenlose Klassengesellschaft grotesker und barbarischer verwirklicht als im Nationalsozialismus, dessen »Mission« in Hitlers Worten darin lag, die »Klassenspaltung, an der Bürgertum und Marxismus gleichmäßig schuld sind«, endgültig zu überwinden. Gerade weil der Klassengegensatz unangetastet blieb, wurde er auf die Juden als zugleich proletarisch-internationalistische wie plutokratisch-finanzkapitalistische Saboteure der Volksgemeinschaft verschoben und im Massenmord zu exorzieren versucht.

Hinter der irrwitzigen ideologischen Konstruktion, »der Jude« habe als Bolschewist die deutschen Arbeiter aufgehetzt, um als Börsianer über die nationale Wirtschaft zu triumphieren, steht jedoch keine blanke Diktatur des Kapitals über die deutsche Arbeiterklasse, sondern vielmehr das Vorhaben, diese in einen völkischen Sozialstaat einzubinden. So unstrittig es ist, dass sich die Gewalt des faschistischen Staates zunächst gegen die Arbeiterbewegung richtete, so unzweifelhaft ist es doch auch, dass er seine Massenbasis auf die Arbeiterklasse ausdehnen konnte. Als rassistisch privilegierte Aufseher über Millionen Zwangsarbeiter, als Fußtruppen des deutschen Vernichtungskrieges, als Nutznießer der »Arisierungen« gingen erhebliche Teile des deutschen Proletariats in der Volksgemeinschaft auf, die sich folglich aus der Sicht ihrer Opfer nicht als Propagandalüge darstellte, sondern als die Hölle auf Erden.

Wenn Hitler kein Betriebsunfall war und der rassenimperialistische Raubkrieg die letzte Rettung für den deutschen Kapitalismus, dann liegt das Versagen der Arbeiterbewegung nicht in mangelnder Verteidigung der Legalität gegen die Diktatur als vielmehr in ihrer Unfähigkeit, aus eben dieser bürgerlichen Ordnung auszubrechen, die nun mit voller Macht dem faschistischen Abgrund entgegeneilte. Die historische Tragik bestand darin, dass Sozialdemokratie und Gewerkschaften, nachdem sie 1914 ins Horn des Sozialchauvinismus geblasen und 1918/19 die revolutionären Minderheiten geschlagen hatten, nun ihrerseits einer Volksgemeinschaft zu weichen hatten und nicht selten zum Opfer fielen, die ihrem eigenen Volksstaatsgedanken in mehr als einer Hinsicht zum Verwechseln ähnlich sah – weshalb die Anbiederung der Gewerkschaften an die neuen Machthaber auch keineswegs ein Ausrutscher korrumpierter Führer war. Ihre Begeisterung für den »Kriegssozialismus« von 1914, für staatliche Wirtschaftslenkung, Arbeitsdienst und nationale Einheit, war es, die sich nun gegen sie selbst richtete, da sie, wie verkümmert auch immer, Organisationen *der Arbeiterklasse* waren, die nun *unmittelbar* in den Staat eingegliedert werden sollten. Die Zeit des Austarierens gegensätzlicher Interessen war in der großen Krise abgelaufen. Der parteikommunistische Flügel der Arbeiterbewegung wiederum war nicht nur weitgehend zu einer Organisation von Arbeitslosen und entsprechend machtlos geworden; er wiegte sich nicht nur, gestützt auf die schale Metaphysik historischer Gesetze, in falscher Siegesgewissheit und unterschätzte die hereinbrechende Barbarei des Nazismus; er war ihr vielmehr mit seinen autoritären Strukturen und mit politischen Dummheiten wie dem »Programm zur nationalen und sozialen Befreiung des deutschen Volkes« von 1930 unwillentlich selbst entgegengekommen, so dass »die nationalistischen Abenteuer der Dritten Internationale in Deutschland [...] mit zu den Voraussetzungen des faschistischen Sieges gehören. Man hat die Arbeiter selbst zu Faschisten erzogen, indem man zehn Jahre lang mit Hitler um den ›wirklichen Nationalismus‹ konkurrierte.« (Gruppe Internationaler Kommunisten, 1935)

6

Fast schwerwiegender für den Verlauf der proletarischen Bewegung im 20. Jahrhundert dürfte es gewesen sein, dass ihr vermeintlicher großer Sieg in Russland 1917 im Fortgang Resultate zeitigte, die dazu angetan waren, die Revolution nicht mehr herbeizusehnen, sondern sich vor ihr zu fürchten.

Das vorrevolutionäre Russland zeichnete sich durch einzelne proletarische urbane Inseln inmitten eines Ozeans von Bauern aus. Die Trennung der Russischen Revolution in eine »bürgerliche« (Februar) und eine »proletarische« (Oktober) Phase ist ideologisch. Soziale Revolutionen bewegen sich innerhalb der Möglichkeiten, die die vorgegebenen gesellschaftlichen Verhältnisse bieten. Und diese verändern sich nicht innerhalb weniger Monate.

1917 rebellierte die russische Bevölkerung unter der Losung »Brot, Land und Frieden« gegen die Brutalität und Sinnlosigkeit des Krieges und ihre Lebensbedingungen. Als Soldaten im Krieg erlitten Bauern und Arbeiter das gleiche klassenübergreifende Schicksal und sorgten für den Zusammenbruch der militärischen Disziplin an der Front. Die Männer kehrten nach Hause zurück und verbreiteten im ganzen Land den Ungehorsam gegenüber der Obrigkeit. Überall wurden die herrschenden Machtverhältnisse durch Arbeiter-, Soldaten- und Bauernräte in Frage gestellt. Während ein radikaler Teil der Fabrikräte hierarchische Entscheidungsstrukturen ablehnte, sich an die Übernahme von Produktion und Verteilung machte und darauf aufbauend eine überbetriebliche Koordination anstrebte, was die Existenz einer kommunistischen Strömung innerhalb der Arbeiterklasse bezeugt, drängten die revolutionären Bauern bestenfalls – in Anlehnung an die historische Besonderheit des ländlichen Gemeinwesens in Russland – auf die Schaffung voneinander autonomer, sich selbst versorgender Kollektive, was ein Verschwinden der Städte und die Rückkehr zu vorkapitalistischen Produktionsverhältnissen bedeutet hätte. Keine dieser beiden Bewegungen war in der Lage, eine gesamtgesellschaftliche Reproduktion zu gewährleisten. Der bolschewistischen Partei als Staatsmacht fiel die Aufgabe zu, das wirtschaftliche Überleben in despotischer Form zu organisieren, und zwar gleichermaßen gegen Arbeiter und Bauern. Nur eine sich ausbreitende proletarische Revolution im übrigen Europa hätte diesen antikommunistischen Trend aufhalten können.

Mit der Ausschaltung der Fabrikräte und der Zerschlagung der Bauernbewegung – insbesondere der von Machno angeführten – verschwanden die radikalen Forderungen und Ziele nicht einfach; sie wurden in pervertierter Form in die sowjetische Gesellschaft integriert. Der Drang zur Sozialisierung und Veränderung des Produktionsprozesses wurde mit der Verstaatlichung der Fabriken und mit der Militarisierung und Taylorisierung der Arbeit quittiert. Es ist ein theoretischer Witz, dass die Trotzkisten, die zu Recht die Ideologie des »Sozialismus in einem Lande« verwarfen, die Vorstellung hatten, in Sowjetrussland sei nur eine »politische« Revolution notwendig, da die Eigentumsverhältnisse bereits dem Kommunismus entsprächen. Aber es ist ein makabrer Witz, dass eben Trotzki, derjenige, der im Kampf mit der stalinistischen Bürokratie auf die Arbeiterdemokratie pochte, wenige Jahre zuvor im Gewand der obersten Autorität der Roten Armee jeden Widerstand von Bauern, Arbeitern und Soldaten in Blut ertränkt hatte. Die Erinnerung an den Kronstädter Aufstand 1921 wird jedoch ihrerseits zur Mythologie, wenn sie ausschließlich die Einforderung der Rätedemokratie gegenüber der Parteidiktatur betont, die nicht gerade revolutionäre Forderung nach »freiem« Warentausch zwischen den Städten und dem Land dagegen ausblendet. Gleich nach der Niederschlagung des Aufstandes wurde diese ökonomische Forderung von der bolschewistischen Regierung übernommen und in Gestalt der »Neuen Ökonomischen Politik« (NEP) realisiert. Schließlich wurde Brot – von schlechter Qualität – für alle durch die Ausdehnung des Arbeitszwangs auf alle garantiert. Der Zugang zu Land wurde durch die vom Staat forcierte Zwangskollektivierung realisiert. Der Frieden wurde knallhart als soziale Ruhe durchgesetzt. Die klassenspezifischen Interessen wurden in nationale umgemünzt. Der Klassenkampf wurde in der verkehrten Form des Großen Vaterländischen Krieges und der antifaschistischen Ideologie gefeiert.

Der internationalistische Standpunkt der Bolschewiki, vor allem während des Ersten Weltkrieges, verankerte sie im Lager der Revolutionäre. Und im Falle einer proletarischen Revolution in Westeuropa wären sie womöglich auch dort geblieben. Aber das Parteikonzept der Bolschewiki, ihr Misstrauen gegenüber einem möglichen kommunistischen Verhalten der Klasse aus der Dynamik der Klassenkämpfe heraus, verwies bereits vor der Revolution auf eine autoritäre Vorstellung von Kommunismus. Der platte Anti-Leninismus allerdings, der in der bolschewistischen Partei den Grund für das Scheitern der kommunistischen Revolution ausmacht, vergisst, dass auch im Falle der Bolschewiki das soziale Sein das Bewusstsein bestimmt, und merkt nicht, wie sehr er selber noch der Vorstellung einer allmächtigen Führung verhaftet ist, die die geschichtliche Entwicklung nach Belieben lenken könnte. Niemand kann sagen, was geschehen wäre, wenn die sozialen Konflikte einen anderen Verlauf genommen hätten. Aber vom historischen Resultat aus betrachtet exekutierte die Diktatur der Partei eine der Alternativen, die die inneren und äußeren Bedingungen im Jahre 1917 zuließen und die als »ursprüngliche Akkumulation« charakterisiert werden kann: die soziale und wirtschaftliche

Integration der Masse der russischen Bauern in den Weltmarkt durch Industrialisierung und Verallgemeinerung der Lohnarbeit. So bestehen die historischen Leistungen der Russischen Revolution am Ende in der orwellschen Verbrämung eines Terrorregimes als Sowjetmacht plus Elektrifizierung.

7
Die Russische Revolution ist als Inbegriff der sozialen Revolution in die Mythologie der Arbeiterbewegung eingegangen. Die revolutionären Aufstände in Mitteleuropa nach dem Ende des Ersten Weltkrieges waren nicht zuletzt von der Begeisterung getragen, die sie auslöste. Deren offene Niederschlagung und die schleichende Aushöhlung emanzipatorischer Bestrebungen in Russland bedingten und verstärkten sich wechselseitig. Es blieb die augenscheinliche Paradoxie: Während im kapitalistisch entwickelten Westen proletarische Revolutionen offenbar zum Scheitern verurteilt waren und nur der Reformismus eine Zukunft zu haben schien, verfestigte sich das Bild eines erfolgreichen gewaltsamen Umsturzes in einem verhältnismäßig rückständigen Land. Wirkungsmächtig wurde die Russische Revolution vor allem als Referenzpunkt und Bedienungsanleitung für die Modernisierungsschübe der antikolonialen und antiimperialistischen Bewegungen in der Dritten Welt. Dort wurde der »Marxismus-Leninismus« zur Ideologie des radikalen Bürgertums und der radikalen Intelligenzija. Sowjetrussland avancierte zum Prototyp der nationalen Entwicklungsprojekte der peripheren Länder im imperialistischen Zeitalter. Im Westen wurde der Rote Oktober entweder als Hoffnungsträger angebetet, was einen Teil der Arbeiter für die russische

Außenpolitik instrumentalisierte, oder als Schreckgespenst gegen jedweden Gedanken einer Überwindung des Kapitalismus in Anschlag gebracht.

8

Nach dem Zweiten Weltkrieg verflüchtigt sich das Selbstmissverständnis der alten staatsorientierten Arbeiterbewegung, über das Bestehende hinauszuführen. Die radikalen Strömungen wiederum sind überall zerschlagen, zerrieben und aufgesaugt. So mausetot die Arbeiterbewegung als vermeintlicher Träger einer neuen Gesellschaft ist, so mächtig ist sie als bürokratische Repräsentation des Proletariats innerhalb der bürgerlichen, in der noch einige erfolgreiche Jahrzehnte vor ihr liegen, vielleicht ihre besten, in denen sich die Regierungen des freien Westens wie ein ideeller Gesamtsozialdemokrat aufführen und die kommunistischen Parteien nur die entschiedensten Sozialdemokraten sind, Gewerkschaften zweistellige Lohnsteigerungen erstreiten und die Arbeiterkinder nicht mehr zwangsläufig in den Fabrikhallen enden, in denen ihre Väter und oft genug auch Mütter schuften. Die Soziologen rufen das Ende der Klassengesellschaft aus.

9

Es ist reine Mystik, sich diesen Verlauf der Arbeiterbewegung als Werk von »Arbeiterverrätern«, als eine Geschichte von Bestechung und Abfall vom rechten Weg zurechtzulegen. Wie die deutsche Sozialdemokratie 1918/19 die Spartakisten niederkartätschte, zerschlug 1936/37 der Stalinismus die soziale Revolution in Spanien. Beide stützten sich auf Massen von loyalen Proletariern. Das Proletariat hat kein revolutionäres Wesen, das nur durch reformistische Machenschaften immer wieder daran gehindert würde, endlich mit ganzer Macht hervorzubrechen. Nur eine Bewegung der ungeheuren Mehrzahl der Lohnabhängigen kann die Gesellschaft umwälzen. Doch nur anlehnungsbedürftige Metaphysiker vergöttern darum das Proletariat als »revolutionäres Subjekt«. Wie die Proletarier kämpfen, so sind sie; und ihre Kämpfe haben sie bis heute nicht über die Klassengesellschaft hinaus, sondern immer tiefer in sie hineingeführt.

Ebenso wenig erlischt mit dieser Integration die Möglichkeit der Revolution, die solcher Legende zufolge in irgendwelchen angeblich goldenen Zeiten des Liberalismus gegeben war, als zornige Arbeiter und Schlotbarone aufeinandertrafen, Kulturindustrie und Sozialstaat noch unbekannt waren. Dieser melancholisch gestimmten Verfallsgeschichte ist keine Geschichtsphilosophie des unaufhaltsamen Aufstiegs entgegenzuhalten. Der materialistische Geschichtsbegriff geht davon aus, dass es anders hätte kommen, die Klassenkämpfe einen anderen Ausgang hätten nehmen können. Aber der Blick auf die Geschichte ist zwangsläufig von deren weiterem Verlauf geprägt, in dem die Dialektik von Repression und Emanzipation nicht zum Stillstand gekommen ist.

10

Sarkastisch merkte einmal ein früherer Radikaler an: »Die Communarden haben sich bis zum letzten Mann erschießen lassen, damit auch du dir ein Philips Stereo High-End-Gerät kaufen kannst.« Aber die Erfolgsgeschichte des Sozialstaats gründet darin, dass er einem *wirklichen* Bedürfnis des Proletariats entgegenkommt: dem nach einem Leben, das *nicht* am seidenen Faden des gelingenden

Verkaufs der Arbeitskraft hängt. Der vor allem nach dem Zweiten Weltkrieg folgende Ausbau des Sozialstaats und die riesigen Produktivkraftsteigerungen jener Zeit ließen den darbenden Pauper für lange Zeit von der Bildfläche Europas und Teilen Nordamerikas verschwinden und schraubten die materiellen Ansprüche der eigentumslosen Klasse in die Höhe, worüber zurzeit (in Fortsetzung einer altehrwürdigen Tradition) die Bourgeois-Ideologen auf allen Kanälen jammern.

Wenn dieselben nun das hohe Lied des Individuums anstimmen und jede noch so kleine sozialstaatliche Leistung sogleich als Sozialismus brandmarken, der jenes Individuum angeblich liquidiere, dann unterliegen sie nicht nur dem gleichen Irrtum – allerdings mit umgekehrten Vorzeichen – wie jener Teil der sozialdemokratischen Reichstagsfraktion in den 1880er Jahren, der in der Sozialgesetzgebung bereits den Beginn des Sozialismus erblickte, sondern verkennen noch dazu, dass das moderne Individuum sich in nicht unerheblichem Maße gerade dem Staat verdankt, der die Minimalbedingungen zur freien Entfaltung des Individuums in den Grenzen der Warengesellschaft geschaffen hat. Zwar wurden Arbeitslosenunterstützung, Sozialhilfe, Krankengeld, Rente etc. eingeführt, um eine industrielle Reservearmee zwischen zwei Konjunkturzyklen bereitzuhalten und auch, um die Klasse unter Kontrolle zu halten, sie nicht sich selbst zu überlassen, um die bürgerliche Ordnung vor Kriminalität und Revolte zu schützen. Aber es ermöglichte vielen auch ein Leben jenseits der Lohnarbeit, das nicht identisch war mit bitterster Armut.

Die staatlichen Eingriffe in die Produktion, um die Arbeitsbedingungen der Proletarier zu verbessern, die Einführung von Mindestlöhnen oder die gesetzliche Begrenzung des Arbeitstags sollten vor Überausbeutung schützen, um die Reproduktion der Klasse nicht zu gefährden, welche die Kapitalisten auch in Zukunft auszubeuten gedachten. Andererseits stieg die Wahrscheinlichkeit enorm, nicht schon mit dreißig Jahren, nachdem man sein Leben in der Fabrik verbracht hatte, in die Kiste zu springen, um mittlerweile im Durchschnitt sogar die Sechzig zu überschreiten. Der reduzierte Verschleiß eröffnete überhaupt erst die Möglichkeit, sich über seine Belange einen Kopf zu machen.

Auch die allgemeine Schulpflicht wurde wegen der Bedürfnisse einer modernen Verwaltung eingeführt, damit auch jeder im letzten Winkel des Landes staatliche Erlasse lesen, als freier Lohnarbeiter Verträge unterschreiben und als kleiner Händler seiner Ware Arbeitskraft das Rechnen lernen konnte. Doch konnten die Massen sich dadurch auch bilden, theoretische Schriften lesen, miteinander und über Entfernung hinweg sich kollektiv verständigen, wovon das vielfältige Zeitungswesen der alten Arbeiterbewegung beredt Zeugnis ablegt. Und schließlich wurde in der zweiten Hälfte des vergangenen Jahrhunderts dem proletarischen Nachwuchs in bisher unbekanntem Maße die Möglichkeit höherer Bildung eröffnet. Eine Kritik an der Integration der Klasse darf diese Aspekte nicht beiseite wischen, die *auch* im proletarischen Interesse liegen und oft genug nicht einfach vom Staat gewährt, sondern erstritten wurden.

11

Zu den Trennungen, die der Siegeszug des Kapitalismus befestigte, gehört auch die zwischen Produktions- und

Reproduktionssphäre, eine geschlechtlich codierte Trennung, die, begleitet von allerlei anthropologisch oder biologisch unterfütterten Legitimationsideologien, in Gestalt der bürgerlichen Familie zum gesellschaftlichen Leitbild wurde. Auch wenn im 19. und frühen 20. Jahrhundert die überwiegende Mehrheit ökonomisch auf den Verdienst von Frauen – und oft genug Kindern – angewiesen war, konnte sich das Ideal der geschlechtsspezifischen Arbeitsteilung mit männlichem Familienernährer auch im proletarischen Milieu durchsetzen.

Der Universalismus, den das Bürgertum mit seinen Erklärungen der Bürger- und Menschenrechte für sich in Anspruch nahm, war, wie bereits hellsichtige zeitgenössische Kritikerinnen wie Olympe de Gouges oder Mary Wollstonecraft bemerkten, zunächst ein höchst partikularer, denn das freiheitliche menschliche Individuum, dessen Geburt man feierte, war männlich. Für diese Einsicht wurde de Gouges immerhin ein öffentlicher Auftritt gewährt – sie wurde guillotiniert.

Sowohl die Bildung an öffentlichen Schulen und Universitäten, die Teilhabe am politischen Leben als auch das Recht auf Privateigentum waren Frauen bis weit in die erste Hälfte des 20. Jahrhunderts auch in den meisten westlichen Ländern verwehrt und mussten erstritten werden. Die zweite Welle der Frauenbewegung, die sich seit den späten 1960er Jahren formierte, nahm neben der medizinischen Verfügung über Frauenkörper etwa in Form der Abtreibungsgesetzgebung vor allem die subtileren, privaten Formen der Frauenunterdrückung ins Visier und sorgte im Zuge ihrer fortschreitenden Institutionalisierung für Gesetze, die gerade nicht der Geschlechtergleichheit verpflichtet sind, sondern geschlechtsspezifische Delikte wie sexuelle Belästigung am Arbeitsplatz oder Vergewaltigung in der Ehe justiziabel machten.

Optimistisch könnte man glauben, auf dieser Basis müsse die Emanzipation der Frau zum bürgerlichen Subjekt eigentlich an ihren Abschluss gekommen sein. Die materiellen Gründe für eine Aufrechterhaltung des hierarchischen Geschlechterverhältnisses sind weitgehend obsolet: Schwangerschaften sind mittlerweile planbar und stellen somit aus der Sicht des Kapitals kein unkalkulierbares Risiko mehr dar, die individuelle Reproduktion der Arbeitskraft ist zumindest in den Metropolen auch warenförmig zu leisten. Tatsächlich ist auch die Toleranz gegenüber Lebensentwürfen, die nicht dem traditionell bürgerlichen Familienmodell entsprechen, erheblich gewachsen, doch das zuverlässig in Krisenzeiten ertönende »Heim an den Herd«-Geschrei, der demographisch motivierte Appell, Akademikerinnen sollten gefälligst mehr Kinder kriegen, wie auch ein Blick in diverse Führungsetagen belehren eines Besseren. Zwar sind heute Frauen allen Drangsalen des Daseins als Arbeitskraftbehälter ausgesetzt, doch verdienen sie im Schnitt deutlich weniger als Männer, arbeiten häufig in Teilzeit und vor allem im Dienstleistungssektor. Dessen Boom in den vergangenen Jahrzehnten ist nicht zuletzt auf eine verstärkte Kapitalisierung der Reproduktionssphäre zurückzuführen, gleichzeitig wird der überwältigende Anteil der unbezahlten Reproduktionsarbeit nach wie vor von den sprichwörtlich »doppelt belasteten« Frauen verrichtet.

Auch die Ideologieproduktion rund um die Geschlechterdifferenz und die angeblich aus ihr resultierenden Eigenschaften und Fähigkeiten ist mitnichten zum Stillstand gekommen, vielmehr erlebt die Soziobiologie, die noch jede Marotte bruchlos von den Jägern und Sammlern herleitet, eine neue Blütezeit und ist fester Bestandteil des Alltagsbewusstseins. Ob die Befreiung des Menschen von seiner Sortierung qua Chromosomensatz noch auf dem Boden der bürgerlichen Gesellschaft zu haben sein wird, ist nicht zuletzt eine Frage der Zählebigkeit dieser Ideologien.

12

Der entwickelte Kapitalismus kann als klassenloser erscheinen, weil die eine Seite des Klassengegensatzes abstrakt, die andere diffus wird. Das hat Anhänger wie Verächter des Klassenkampfs ironischerweise gleichermaßen verwirrt. Letztere, die sich Wertkritiker nennen, bleiben plump auf der Oberfläche der Gesellschaft kleben, dem realen Schein der Zirkulationssphäre, in der sich tatsächlich nur unterschiedslose bürgerliche Subjekte herumtreiben. Der wertkritische Abschied vom Proletariat erhebt dessen Aussetzen als subversiver Akteur in den Rang einer unumkehrbaren historischen Gesetzmäßigkeit. Trost spendet die Aussicht auf den Jahr um Jahr von Neuem unmittelbar bevorstehenden Kollaps des warenproduzierenden Systems – Amen.

Einigen Sympathisanten des Klassenkampfs wiederum hat sich der objektive Begriff der Klasse in die subjektivistische Vorstellung verflüchtigt, die Klasse erschaffe sich selbst gleichsam aus dem Nichts im Akt des Kampfes; Klasse sei ein »offener Begriff« und alles andere »soziologisch«. Ein »offener« Begriff aber ist offenbar ein unbestimmter, also keiner. Verbreitet ist auch die abgeschwächte Auffassung, Klasse sei ein Verhältnis und darum nicht objektiv bestimmbar. Aber Verhältnis *von was*?

Das Klassenverhältnis ist das Verhältnis von Kapital und Proletarisierten, von sich verwertendem Wert zur Arbeitskraft. Zwar ist das Kapital insofern kein »automatisches Subjekt«, als es von alleine gar nichts tut und daher immer irgendwelche mit Wille und Bewusstsein ausgestatteten Wesen braucht, also bislang Menschen, die seine Verwertung in eigenem Interesse organisieren. Aber das Kapital ist nicht zwangsläufig an die Kapitalisten gebunden. Die Bourgeoisie ist zweifellos quicklebendig und äußerst klassenbewusst, aber nicht der letzte Grund des gesellschaftlichen Übels. Alles Geld ist potenziell Kapital und wird dies auch, sobald es nicht zwecks Konsums verprasst wird, sondern in die Produktion eintritt. So sind clevere Unternehmer auf die Idee gekommen, ihre Belegschaften teilweise in Form von Aktien zu entlohnen, und nicht wenige der verteufelten »Heuschrecken«-Fonds verwerten die Rentenanlagen amerikanischer Proleten, die ihr »Geld für sich arbeiten lassen«, wie die fetischistische Umschreibung für den Umstand lautet, dass mittels dieses Geldes irgendwo fremde Arbeit kommandiert wird. Dieser gewissermaßen urdemokratische Charakter des Kapitals setzt aber eben damit voraus, was er im Weltbild der Ideologen widerlegen soll: die Existenz von Proletarisierten, von Leuten also, die ihre Haut zu Markte tragen müssen, um das Kapital durch ihre Arbeit und Mehrarbeit zu verwerten. Lebt die kapitalistische Klassengesellschaft im Unterschied zu ihren Vorgängerinnen gerade von der *prinzipiellen* Durchlässigkeit der Klassengrenzen, so ergeht es dem proletarischen Kleinaktionär nicht besser als den meisten Tellerwäschern.

Eben dieses proletarische Dasein scheint heute nirgendwo mehr dingfest gemacht werden zu können, weil es schier überall ist. Die allgemeine Durchsetzung der Lohnabhängigkeit, die sich parallel zur Auflösung des alten Arbeitermilieus vollzieht, die Bauern an den Rand der historischen Bühne drängt und erst die Angestellten, dann die Kopfarbeiter proletarisiert, bringt am Ende in den Zentren der kapitalistischen Entwicklung nicht zwei klar geschiedene Klassenlager hervor, sondern eine unüberschaubare Vielfalt von Lebenslagen; ein gefundenes Fressen für die Sozialforscher eben, die ganz froh sind, vor lauter Bäumen den Wald nicht mehr sehen zu müssen. So bezeichnet Klasse hier und heute keinen kollektiven Akteur, der womöglich gar umstürzlerische Absichten im Schilde führte, sondern schlicht den weitgehend verallgemeinerten Zwang, seine Arbeitskraft ans Kapital zu verkaufen (ein Zwang, dem der Manager, wiewohl formal Lohnarbeiter, spätestens nach zwei Jahren im Aufsichtsrat nur schwerlich unterliegen dürfte). So wenig sich Wert und Mehrwert in irgendwelchen ganz bestimmten Waren verkörpern müssen, so wenig ist der Begriff der Klasse zwingend an körperliche Arbeit, ein dingliches Produkt oder den Produktionsort Fabrik gebunden. Man muss keine besonders hohe Meinung von der munter-immateriell produzierenden Multitude des Professor Negri haben, kein Freund des linksakademischen Schemas von Fordismus (alle Mann in der Fabrik) und Postfordismus (jeder allein am Heimcomputer) sein, um in der Rede von der »Zentralität der Fabrik« genau jenen verengten Klassenbegriff zu erkennen, mit dem heute kein Blumentopf mehr zu gewinnen ist und schon gar nicht das letzte Gefecht. Die Industriearbeiterklasse ist im Weltmaßstab betrachtet so wenig verschwunden, wie der Begriff des Proletariats mit ihr zur Deckung gebracht werden könnte.

II. Die Selbstaufhebung des Proletariats

13

Der Klassengegensatz ist der Gesellschaft in ihren Fundamenten eingeschrieben, ohne sie mit Notwendigkeit in die Luft zu sprengen. Die vereinzelten Arbeitskraftverkäufer machen immer wieder die Erfahrung, dass sie sich zusammenschließen und kämpfen müssen, um nicht vollkommen unter die Räder zu geraten; die Bedingungen der Ausbeutung müssen ständig neu verhandelt werden, und nur durch Assoziation können einige Arbeiter die Konkurrenz untereinander punktuell überwinden. Aber der legendäre Übergang von der »Klasse an sich« zur »Klasse für sich« kann nicht durch unmittelbare Interessen, nicht durch die Verallgemeinerung irgendwelcher Forderungen entstehen, denn diese bleiben immer an das Kapital gebunden und damit an das, was dem Proletariat die Zersplitterung als seinen natürlichen Zustand aufzwingt. Klassenbewusstsein bestünde nicht in der Erkenntnis, eine Klasse zu sein, sondern darin, keine mehr sein zu müssen, die Revolution nicht im Sieg der Lohnarbeiter über die Bourgeoisie, sondern in der Selbstaufhebung des Proletariats. »Die Lohnabhängigen können sich überhaupt nur zur Klasse ›für sich‹ vereinigen, um sich als Klasse aufzuheben, durch die vollständige Negation des trennenden Privateigentums, durch das Interesse, sich nicht nur der betrieblichen Produktionsmittel zu bemächtigen, sondern des gesellschaftlichen Reproduktionsprozesses in seiner Gesamtheit (und das heißt notwendig: auch im internationalen Maßstab).« (Werner Imhof)

Die Vergesellschaftung durch das Kapital bleibt eine widersprüchliche, weil sie die Menschen durch das, was sie verbindet, ebenso trennt. Die Wertform der Arbeitsprodukte ist nichts anderes als Ausdruck und Vermittlung des grundlegendsten Widerspruchs der bürgerlichen Gesellschaft: Die Arbeit ist gesellschaftlich, nämlich Produktion für andere, und zugleich ungesellschaftlich, nämlich in voneinander getrennten und gegeneinander produzierenden Betrieben verrichtete Arbeit, die ihre gesellschaftliche Gültigkeit erst im Austausch erfährt. Würden die Proletarier nur ihre jeweiligen Betriebe übernehmen, zwischen diesen Betrieben aber weiterhin Austauschbeziehungen aufrechterhalten, dann wäre die Produktion noch nicht wirklich gesellschaftlich geworden, und sie würden sich alle Widersprüche der Warenproduktion sozusagen selbstbestimmt aufhalsen. Emanzipation wäre nicht weniger als die Überführung des Weltmarkts in die Weltcommune, in der das Privateigentum der gemeinsamen Regelung des Lebens gewichen ist.

Man sollte die Revolution allerdings nicht mit dem falschen Versprechen belasten, sie werde das Reich der Notwendigkeit in nichts als Spiel und Wohlgefallen auflösen; ebenso wenig wird es in seinem heutigen abstrakten Gegensatz zu einem von der Gestaltung der Welt entleerten Reich der Freiheit verharren. Den Zweck der Produktion überhaupt *als unseren* einsehen zu können, wäre der entscheidende Fortschritt. Mit dieser Herstellung vernünftiger Allgemeinheit entfiele auch die Grundlage des Staates, der nur eine falsche, repressive Allgemeinheit auf der Basis konkurrierender Privatinteressen erzwingt, oder, in den Worten eines hellsichtigen Freunds der klassenlosen Gesellschaft: »Erst wenn der wirkliche individuelle Mensch den abstrakten Staatsbürger in sich zurücknimmt und als individueller Mensch in seinem empirischen Leben, in seiner individuellen Arbeit, in seinen individuellen Verhältnissen, Gattungswesen geworden ist, erst wenn der Mensch seine eigenen Kräfte als gesellschaftliche Kräfte erkannt und organisiert hat und daher die gesellschaftliche Kraft nicht mehr in der Gestalt der politischen Kraft von sich trennt, erst dann ist die menschliche Emanzipation vollbracht.« (Marx)

14

Die Selbstaufhebung des Proletariats ist folglich mit seiner Diktatur unvereinbar. Jeder neuerliche Befreiungsversuch muss zweifellos mit bewaffneten Widersachern rechnen, die sich von herrschaftsfreiem Diskurs erfahrungsgemäß unbeeindruckt zeigen. Die Losung von der Diktatur des Proletariats erschöpft sich aber nicht in dieser Banalität, sondern zielt auf den Aufbau einer sozialistischen Übergangsgesellschaft. Ausgerechnet Marx war es, der, gegen Bakunin, die I. Internationale auf die Losung von der »Eroberung der politischen Macht« durch das Proletariat verpflichtete und programmatisch vor den Kommunismus eine Übergangsphase schaltete, in der »gleich viel Arbeit in einer Form gegen gleich viel Arbeit in einer andern ausgetauscht« wird, was nur den zwingenden Zusammenhang von Warenproduktion und Staat illustriert. All das ist Geschichte. Es war *die* Tragik des 20. Jahrhunderts, dass die Revolution ausgerechnet dort ausbrach, wo die Bedingungen für den Kommunismus die denkbar miserabelsten waren, und sich schließlich die aus dem Scheitern der revolutionären Anläufe in Westeuropa geborene »sozialistische Übergangsgesellschaft« nach siebzig Jahren im Ergebnis als eine zum freien Markt hin erwies. Die sozialistischen Revolutionen waren bislang ausnahmslos bürgerliche, in Zonen, wo die Bourgeoisie zu schwach für diese historische Aufgabe war und man die sogenannte ursprüngliche Akkumulation allen Ernstes zu einer sozialistischen Angelegenheit erklärte. Im 21. Jahrhundert aber gibt es keine Agrarrevolutionen mehr zu machen, keine Produktivkräfte zu entwickeln, geht es nicht mehr um die Verallgemeinerung der Lohnarbeit, sondern um ihre Aufhebung. Revolutionen, die überhaupt erst die historischen Voraussetzungen des Kommunismus zu schaffen hätten, sind nur noch als isolierte in den zurückgebliebensten Winkeln der Welt vorstellbar.

15

Die Eroberung der Staatsmacht wird heute allerdings meist im Namen eines ziellosen und folglich immerwährenden Stellungskrieges innerhalb der Macht-Struktur verworfen. Der antiautoritäre Geist, der darauf bestand, dass die Formen der Bewegung ihre Ziele antizipieren müssen und ergo die leninistische Avantgardepartei für den Putsch und nicht zur Selbstbefreiung der Ausgebeuteten taugt, ist zum postmodernen Ungeist verkommen, der sich an der Unbestimmtheit und Unbestimmbarkeit der Revolution erfreut. Die dogmatischen Skeptiker, die fragend voranschreiten, aber gar nicht mehr wissen wollen wohin, übersehen erstens, dass das kommunistische Ziel sich in der Kritik der Verhältnisse bestimmt, und zweitens, dass dieses Ziel, weil es weder auf politischem Wege noch über Nacht zu erreichen sein wird, nur als *Bewegung der Kommunisierung* vorstellbar ist, in der sich die atomisierten Lohnabhängigen zu gesellschaftlichen Individuen mausern und anfangen, ihr Leben ohne Tauschbeziehungen zu regeln. »Solange die Massenbewegungen noch klein sind und noch an der

Oberfläche bleiben, solange tritt die Tendenz nach der Beherrschung aller gesellschaftlichen Kräfte nicht so deutlich in Erscheinung. Aber werden diese Bewegungen größer, dann werden auch stets neue Funktionen in den Bereich der kämpfenden Massen gezogen, ihr Wirkungsbereich dehnt sich aus. Und in dieser kämpfenden Masse vollziehen sich dann vollkommen neue Beziehungen zwischen den Menschen und dem Produktionsprozess. Es entwickelt sich eine neue ›Ordnung‹. Das sind die wesentlichen Kennzeichen der selbständigen Klassenbewegungen, und sie sind denn auch der Schrecken der Bourgeoisie.« Der niederländische Rätekommunist Henk Canne Meijer schrieb damit 1935 das Drehbuch für den Pariser Mai 1968.

16
Der Pariser Mai und der »schleichende Mai« in Italien sind Gipfelpunkte einer neuen Welle von Klassenkämpfen, die ab 1968 die entwickelten Regionen der Welt erschüttern und deren radikale Minderheiten wie zum Hohn auf den linken Kulturpessimismus die Selbstaufhebung des Proletariats genauer fassen als ihre Vorgänger im revolutionären Zyklus um 1917. Die theoretische und die handelnde Kritik nehmen nicht nur die zum Vorposten des Staates mutierte alte Arbeiterbewegung ins Visier, sondern gehen auch über den überlieferten Linksradikalismus hinaus.

Zunächst wird dem Proletariat nicht länger die unwürdige Rolle eines Anhängsels der kapitalistischen Entwicklung zugewiesen, als das es der überlieferten Theorie zufolge seinen großen Auftritt haben sollte. Das geduldige Warten auf die Todeskrise des Kapitals weicht dem Vorhaben, diese Krise herbeizuführen. In der Absage an den alten Determinismus treffen sich die Kritik der Situationisten und die der Operaisten, die ansonsten getrennte Wege gehen. Die prompte Bestätigung, die diese Auffassung durch den Gang der Ereignisse findet – denn nirgends gehen den heftigen Klassenkämpfen um 1968 Massenentlassungen, Lohnsenkungen oder sonstige Folgen einer Krise des Kapitals voraus –, trifft die Sachwalter der alten Welt unerwartet und entsprechend hart. Selbst dort, wo die bürgerliche Gesellschaft ihre Vorstellung allgemeinen Glücks zu verwirklichen scheint, sich demokratisch, vollbeschäftigt und prosperierend zeigt, ist ihr die allgemeine Zustimmung der Ausgebeuteten nicht sicher.

Auch die Halbherzigkeiten, mit denen der überlieferte Linksradikalismus die Selbstaufhebung des Proletariats fasste, werden nun überwunden – nicht nur der Parteikult und die Eroberung der Staatsmacht, die von den Linkskommunisten um Amadeo Bordiga ins Feld geführt wurden, auch die Selbstverwaltung der Warenproduktion, der sich die deutsch-holländischen Rätekommunisten verschrieben hatten. Denn in bester antiautoritärer Absicht hielten die Rätekommunisten der Parteidiktatur die Räteherrschaft und der zentralistischen Planung die Arbeiterselbstverwaltung entgegen, in der jedem Produzenten gemäß seiner individuellen Arbeitsleistung ein Anteil des gesamtgesellschaftlichen Produkts zuteil wird und eine Arbeitsstundenwährung das Geld ersetzen sollte. Gegen die zeitgenössischen Anhänger solcher Vorstellungen erklärt die Situationistische Internationale 1967: »Es genügt nicht, lediglich für die abstrakte Macht der Arbeiterräte zu sein, man muss ihre konkrete Bedeutung aufzeigen: die Abschaffung der Warenproduktion und folglich des Proletariats«. Dass die Situationisten damit keineswegs allein stehen, sondern sich alle avancierten subversiven

Elemente um 1968 durch diese Erkenntnis auszeichnen, weist bereits darauf hin, dass sie sich schlicht dem höheren Grad kapitalistischer Vergesellschaftung verdankt, die nun unmittelbar in den Kommunismus umschlagen kann. »Der *Diebstahl an fremder Arbeitszeit, worauf der jetzige Reichtum beruht*, erscheint [als eine] miserable Grundlage gegen diese neuentwickelte, durch die große Industrie selbst geschaffne. Sobald die Arbeit in unmittelbarer Form aufgehört hat, die große Quelle des Reichtums zu sein, hört und muss aufhören die Arbeitszeit sein Maß zu sein und daher der Tauschwert [das Maß] des Gebrauchswerts. Die *Surplusarbeit der Masse* hat aufgehört, Bedingung für die Entwicklung des allgemeinen Reichtums zu sein, ebenso wie die *Nichtarbeit der Wenigen* für die Entwicklung der allgemeinen Mächte des menschlichen Kopfes.« (Marx)

17

Vom Widerspruch zwischen Produktivkräften und Produktionsverhältnissen auszugehen, ist nicht ohne Grund in Verruf geraten. In seiner vulgärsten Fassung wurde dieser Widerspruch so verstanden, dass der Sieg des Sozialismus durch den technologischen Fortschritt gesetzmäßig verbürgt sei. Eine abgemilderte Variante verzichtet auf diese Siegesgewissheit, versteht aber ebenfalls den hier und heute bestehenden Produktionsapparat als Vorboten des Sozialismus, zu dessen Durchsetzung es nur eines Wechsels im Eigentumstitel bedürfe. Dagegen ging der Operaismus gerade von der massenhaften Erfahrung der Fabrikarbeiter aus, denen sich Arbeitsorganisation und Maschinerie nicht unmittelbar als Verbündete auf dem Weg zum Sozialismus zu erkennen gaben, sondern als die blanke Despotie darstellten. Die Vorstellung, unter der äußerlichen Hülle des Kapitals sei ein astreiner Produktionsapparat herangereift, übersieht, dass der Zweck der Mehrwertproduktion in Maschinerie und Arbeitsorganisation eingegangen ist. Doch anders als die heutige schwer angegrünte Linke, der jeder Hinweis auf die *Potentiale* des erreichten Niveaus der Naturbeherrschung bereits als Ausdruck eines Pappkameraden namens »Traditionsmarxismus« gilt, war sich die operaistische Kritik im Klaren darüber, dass sich Produktivkraftentwicklung nicht in der konkreten Gestalt der Fabrik erschöpft und unter anderen Verhältnissen den Produzentinnen entgegenkommen könnte, statt sie zu unterjochen. So bemerkte 1969 ein *Comitato Operaio di Porto Marghera*, »dass die Menge der akkumulierten Wissenschaft so groß ist, dass die Arbeit sofort auf ein beiläufiges Faktum des menschlichen Lebens reduziert werden könnte, statt sie als ›Grund der menschlichen Existenz‹ zu deklarieren«.

18

Im Spätkapitalismus verschärft sich der Widerspruch zwischen Produktivkräften und Produktionsverhältnissen zudem in jener Erscheinung, die bereits der alten Arbeiterbewegung als Gegensatz von Kanonen und Butter geläufig war und 1967 von Guy Debord »tendenzieller Fall des Gebrauchswerts« genannt wurde: Nicht nur das Innenleben der Produktionsstätten, auch ihr Ausstoß trägt mehr und mehr die Züge der verkehrten gesellschaftlichen Form. Konnte Marx noch die Industrie als »das aufgeschlagene Buch der menschlichen Wesenskräfte« feiern, so sind mittlerweile die Produkte der Arbeit in zunehmendem Maße unmittelbar Beweisstücke gegen die Gesellschaft, die sie hervorbringt; der Anachronismus des Kapitals wird in Produkten greifbar, für die eine befreite Menschheit keinerlei Verwendung hätte und die der unfreien schlecht bekommen. Nie lagen Möglichkeit und Wirklichkeit so weit auseinander wie heute, wo das Gros der Proletarisierten weltweit im Elend vegetiert, während die produktiven Kapazitäten der Weltgesellschaft längst alle materielle Not überflüssig machen. Nervtötend an den gut meinenden Friedenspfaffen ist schließlich nicht ihre Feststellung, dass man für eine Atomrakete fünf Krankenhäuser bauen könnte, sondern die Naivität, mit der sie einer antagonistischen Gesellschaft menschliche Zwecke unterjubeln wollen.

Für das Klassenbewusstsein bedeutet diese Entwicklung, dass das Wissen, diese Welt durch die eigene Arbeit hervorzubringen, für mehr und mehr Arbeiter nicht länger Produzentenstolz, sondern allenfalls Beschämung hervorrufen kann – oder gerechten Hass auf eine Gesellschaft, die sie zur Produktion von Müll verdammt: Darin hat die Losung vom »Kampf gegen die Arbeit«, die um 1968 zu vernehmen war, ein durchaus rationales Moment.

19
Gleichwohl ist die weltweite Welle von Klassenkämpfen, die ab den späteren 1960er Jahren über die fortgeschrittenen Zentren hereinbricht, nicht revolutionsmythologisch zu einer Bewegung für die bewusste Aufhebung der alten Welt umzufälschen. Nur Minderheiten wollten dem Kapital den Garaus machen, und nur eine Minderheit dieser Minderheiten wusste, wovon sie dabei redete. Neben diesen avanciertesten Elementen krochen allerlei dubiose Gestalten aus dem Müllhaufen der Revolutionsgeschichte hervor, gaben sich Lenin und Mao, der Antiimperialismus und die Selbstverwaltung der Lohnsklaverei ihr Stelldichein, und um die

Verwirrung komplett zu machen, kreuzten revolutionäre Vernunft und linke Ideologie sich oft genug zu eigenartigen Hybridwesen wie dem antiautoritären Maoismus oder auch dem leninistischen Operaismus. Der moderne Begriff der sozialen Revolution, der in den fortgeschrittensten Strömungen um 1968 aufblitzte, war nie mehr als eine schwache Tendenz in einer Zeit der großen Wirren.

Die wirkliche Bewegung der Lohnabhängigen indes bestand darin, den schönen Traum, den die klassenlose Klassengesellschaft geträumt hatte, zum Platzen zu bringen, indem sie ihn buchstäblich für bare Münze nahm. Getrieben vor allem vom Hass auf die stumpfsinnige Schufterei, auf die Hetze am Fließband, auf das Dasein als Menschenmaterial der rastlosen Verwertung, wollten die Arbeiter, wenn schon nicht alles, dann doch wenigstens mehr Lohn und weniger Arbeit. Weitgehend desinteressiert am linken Kostümball strapazierten die Klassenkämpfe der 1970er Jahre den institutionalisierten Reformismus bis an seine Grenzen und warfen ihn schließlich über den Haufen. Autonomie, das Schlagwort jener Jahre, bedeutete, wild zu streiken – oder mit der Gewerkschaft, aber ohne Rücksicht auf Verluste. In den Zusammenballungen der »Arbeitermacht«, einem zweiten Schlagwort jener Jahre, in den großen Werkshallen von Detroit bis Turin, waren die Unternehmer nicht mehr Herr im Haus, wurden Fließbänder sabotiert und eigenmächtig Schichten gekürzt; auch im traditionell trade-unionistischen Vereinigten Königreich reichte es zu einer schleichenden Krise und einem *Winter of Discontent*, und selbst die versteinerten Verhältnisse im postfaschistischen Deutschland bekamen vor allem dank Lehrlingen, Jungarbeitern und Arbeitsmigranten einige Risse.

Im gesamten Westen standen die 1970er Jahre im Zeichen von Arbeitsverweigerung und Lohnexplosion. Die Arbeiter hatten freudig das Maßhalten verlernt, welches das Erfolgsgeheimnis des sozialdemokratischen »Goldenen Zeitalters« nach 1945 gewesen war. Diese unerlaubte Entkopplung von Löhnen und Produktivität verschärfte eine der unvermeidbaren periodischen Krisen des Kapitals, die gerade heraufzog, während der ideelle Gesamtkapitalist unter den Sozialausgaben zu ächzen begann, die er zwecks Besänftigung der Proletarisierten in ungeahnte Höhen zu schrauben gezwungen war.

Um Autonomie und Arbeitermacht war es so auch bald geschehen. Die militanten Kerne wurden frontal angegriffen, die Bastionen der Arbeitermacht automatisiert, zerlegt und verlagert. Die wachsende Arbeitslosigkeit disziplinierte die Beschäftigten, während der Staat aus der Rolle des ideellen Gesamtsozialarbeiters in die des Zuchtmeisters der Klasse schlüpfte. So beginnt in den westlichen Zentren Zyklus um Zyklus der Konterreform, die das Proletariat auf immer breiterer Front angreift. In diesem Moment offenbart sich die Schwäche der reformistischen Arbeiterbewegung, die, gänzlich abhängig von Wohl und Wehe des Klassengegners, den Rollback bestenfalls noch abzumildern vermag.

III. Zeit ohne Versprechen

20

Auch wenn der Staat nun in Windeseile versucht, seine früheren Zugeständnisse und Schutzmaßnahmen rückgängig zu machen, ist das Kapital schon einen Schritt weiter: Der technische Fortschritt und der Fall des Eisernen Vorhangs ermöglichen den Abzug ganzer Produktionsstädte in Dutzende dankbare Aufnahmeländer. Damit wird tendenziell jeder Arbeiter zu jedem anderen ins Konkurrenzverhältnis um den niedrigsten Lohn und die höchste Produktivität gesetzt. Wurden früher noch die Chinesischen Mauern durch die Artillerie der wohlfeilen Preise des Westens in den Grund geschossen, so scheint die goldene Sonne des Kapitals heute vom Osten her: Die neue »gelbe Gefahr« ist nicht mehr die spießbürgerliche Phrase antikommunistischer Geostrategen, sondern eine massive Bedrohung des Lebensstandards der westlichen Arbeiterklasse durch Verlagerung der Produktion.

Es sind so viele Produzenten wie nie zuvor von ihren Produktionsmitteln getrennt und damit auf den Verkauf der Arbeitskraft angewiesen, die Stupidität des Landlebens weicht der Brutalität der Landflucht. So bildet sich eine Weltarbeiterklasse heraus, deren Angehörige sich darin gleich fühlen dürfen, dass sie miteinander im weltweiten Wettbewerb um Arbeitsplätze stehen, die zwar nicht absolut, aber im Verhältnis zur Zahl der Arbeitskraftverkäufer sinken. Damit tritt die Proletarität, als Zustand der in den kapitalistischen Arbeitsprozess Eingesaugten oder von ihm Ausgespuckten, endgültig ihren weltweiten Siegeszug an, und die geographischen Grenzen von Zentrum und Peripherie beginnen zu verschwimmen.

Die Unsicherheit, die in der geläufigen Rede von der »Prekarität« als Sonderproblem erscheint, ist daher die weltweite Normalität des Proletariats. Auch die heutigen Fluchtpunkte des Kapitals, die Staatsführern wie Arbeitern den Schrecken ins Mark fahren lassen, sind morgen, wenn sich der Lohnstandard partiell gesteigert hat, schon wieder verwaistes Gebiet; Indien steht längst bereit, um die Nachfolge Polens anzutreten. Aber bald entdeckt auch das Kapital, dass es, wohin auch immer es wandert, den Klassenkampf im Gepäck mitschleppt. Nach wenigen Jahren erweisen sich die neuen Lohnarbeiter in New Delhi oder Shanghai als widerspenstige und undankbare Zeitgenossen, die die Kosten der Ausbeutung erneut nach oben treiben. In diesen Klassenkämpfen liegt die Hoffnung begründet, dass auf ein Jahrhundert der antiimperialistischen Mythologie eine neue Ära des proletarischen Internationalismus folgt.

21
Die globale Universalisierung der Proletarität, verbunden mit dem ständigen rasanten Anstieg der Produktivität, erweckt aber auch ein Gespenst, welches nicht nur in Europa umgeht – das Gespenst der Arbeitslosigkeit. Zur heiligen Hetzjagd gegen dieses Gespenst haben sich tatsächlich alle politischen Mächte der alten Ordnung verbündet, während sie der Produktionsmittel besitzenden Klasse durchaus zupass kommt. Die Aussichtslosigkeit dieses Unternehmens, die sie in der Rede von der »Sockelarbeitslosigkeit« selbst freimütig bekennen, hindert die Staatsagenturen ebenso wenig an ihrem Versuch, die Utopie der Vollbeschäftigung in atemloser Hektik auf Erden zu zwingen, wie die Tatsache, dass schon die frühesten Überlieferungen der Menschheit die Arbeit als Fluch kennen.

Was Arbeiter und Arbeitslose eint, ist die permanente Angst. In den Regionen mit bisher halbwegs gut ausgestatteten Sozialsystemen ist der Staat dabei immer noch das zentrale Objekt einer eifersüchtigen Hass-Liebe. Die argwöhnischen Zurückgewiesenen sehnen sich immer wieder nostalgisch nach dem politisch wie ökonomisch umsorgenden Patriarchen, doch dieser wischt alle Schwelgerei zur Seite und pocht auf die dem System der Lohnarbeit notwendige Disziplinierung, um so sein Programm zu verwirklichen: Ausrottung der Faulenzerei, Ausschweifung und romantischen Freiheitsduselei. Je mehr der Sozialstaat gebraucht wird, desto unmöglicher wird er, und der Kampf gegen die Arbeitslosigkeit gerät zwangsläufig zum Kampf gegen die Arbeitslosen. Soweit die müden Reste der alten Arbeiterbewegung dagegen überhaupt Einspruch erheben, ist er auf Sand gebaut, nämlich auf die Akzeptanz eben jenes Systems der Lohnarbeit, dessen Kehrseite die Arbeitslosigkeit darstellt und das jedes menschliche Bedürfnis durch das Nadelöhr der Finanzierbarkeit jagt. Die dabei vollkommen vergessene und doch von jedem instinktiv gefühlte Verlockung des Müßiggangs rückt, gekoppelt mit der vagen Erkenntnis, dass dies aufgrund der Produktivitätsentwicklung auch zu machen sein wird, in das Zentrum eines anderen politischen Modells: ein bisschen für alle, und zwar vom Staat! Nach den Konzepten der Existenzgeldbewegung transformiert sich die kapitalistische Gesellschaft in eine große Wohltätigkeitsveranstaltung. Die Erkenntnis, dass Vollbeschäftigung illusionär und obendrein nicht wünschenswert ist, führt zu einer noch grotesken Illusion: zum Traum vom Staat als Superpaternalisten, der den ihm zugrunde liegenden Zwang zur Lohnarbeit aufheben soll, indem er großzügig Geld verteilt.

22

Spiegelbildlich zur Entstehung neuer Arbeiterklassen in der bisherigen Peripherie kehrt in den alten Zentren die verschwunden geglaubte Verelendung wieder. Überall wird vor aller Augen aufgeführt, was einmal so beschrieben wurde: »Die Akkumulation von Reichtum auf dem einen Pol ist […] zugleich Akkumulation von Elend, Arbeitsqual, Sklaverei, Unwissenheit, Brutalisierung und moralischer Verkommenheit auf dem Gegenpol.« (Marx) Ließ die Abwesenheit der Wohnzonen solchen Proletariats in den Metropolen den alten Kolonialistenstolz fortleben, so galt ihre massenhafte Existenz in der Peripherie als sicheres Zeichen für deren Rückständigkeit. Beim heutigen *coming home* der Armenviertel wird klar, dass das eine nie ohne das andere zu haben war.

So sehr der hilflose Sprech von den »unteren Schichten« noch das klassendurchlässige Fahrstuhlmodell der »goldenen Jahre« beizubehalten versucht, so wenig wird an diese Möglichkeit noch geglaubt: Es knirscht im Gebälk, und der Lift ist nicht mehr in Betrieb. Ernüchtert durch die Abspeisungen der Vergangenheit dämmert den Abgehängten das Bewusstsein ihrer eigenen Überflüssigkeit und entlädt sich in wuttrunkenen Eruptionen jenseits von nutzlosen Bittstellereien an den Staat.

Die Spitze dieser Entwicklung stellten bislang die Aufstände in den französischen Banlieues dar. Der Staat steht diesem Segment des Proletariats mit seinem etablierten Instrumentarium der Repräsentation ratlos gegenüber; dann und wann hilft noch die alte Brigade der Sozialarbeiter, die sich aber immer öfter in der Rolle der Pausenclowns zwischen den Schulstunden des wirklichen Lebens wiederfindet. Dabei schlägt jeder Versuch der Eingliederung schon deshalb fehl, weil der Staat in ihnen keine potenziell zu aktivierende Arbeitskraft mehr verorten könnte. Den Wütenden kann nichts mehr angeboten werden, sie eignen sich nur noch als Schreckgespenst für andere: An ihnen wird entweder das Elend der Armut oder das Gewaltmonopol des Staates zur Schau getragen.

Die Schattenökonomie der Überflüssigen zeichnet sich zwar durch allerlei Erfindungsreichtum aus, verharrt aber neben der Produktion des gesellschaftlichen Reichtums. Folglich bewegen sich ihre Kämpfe, in denen sie entgegen dem Nihilismus der Normalität durchaus solidarische Verknüpfungen nach innen bilden, abseits jeder Möglichkeit, sich diese Produktion anzueignen: Das rebellierende »Gesindel« (Sarkozy) der modernen Welt gleicht Maschinenstürmern, denen die Maschinen entrissen wurden. Damit verkörpern sie die Tendenz des Kapitals, eine gigantische Überschussbevölkerung zu erzeugen. Ein großer Teil des Weltproletariats ist von der regulären Produktion abgeschnitten und wird auch als industrielle Reservearmee nur partiell benötigt, während ein anderer bis zum Umfallen schuftet. Reformkämpfe für die Umverteilung der Arbeit, die diesen Irrsinn lindern könnten, stoßen stets an die Schranke des Kapitals, das keineswegs gewillt ist, mehr Menschen als nötig zu reproduzieren, und lieber mehr Mehrarbeit aus weniger Proleten herauspumpt. Die Zukunft der Klasse insgesamt hängt entscheidend von der Fähigkeit der Überflüssigen ab, ihre Situation zum Ausgangspunkt einer allgemeinen Bewegung zu machen. In diese Richtung weisen die Aktionen der argentinischen Piqueteros.

23

Die Gewerkschaften sind durch die Frontalangriffe des Kapitals in eine offensichtliche Krise geraten, auch wenn bisher nur extremistische Liberale so weit gehen, schlichtweg ihre Abschaffung zu fordern. Zeichen dieser Krise ist nicht nur die Fülle der Niederlagen in einzelnen Kämpfen, sondern auch eine Tatsache, die an die Substanz der Gewerkschaft geht: ihr laufen die Mitglieder weg.

Noch folgen der Gewerkschaft allerdings die immer kleiner werdenden Stammbelegschaften, wenn sie hier und da zum Kampf gegen Privatisierungen, Lohnsenkungen und Verlagerungen aufruft. Diese Kämpfe zielen nicht einmal auf eine Verbesserung der Lebensbedingungen ab und bleiben mit Forderungen, die weit hinter die Standards des vergangenen Sozialstaats zurückfallen, an dem sie doch ausgerichtet sind, reine Defensivkämpfe. Besser als die Friedhofsruhe sind sie dennoch allemal: wenn sie auch nur ein verzweifeltes Aufbäumen darstellen, können sie doch im Einzelnen Kapitalinteressen durchkreuzen und stellen vor allem eine letzte Erinnerung an die Idee dar, nicht alles kampflos hinnehmen zu müssen und eventuell Solidaritätserfahrungen zu sammeln.

Wie sehr diese Kämpfe eine bloße Abwehr gegen die Angriffe des Kapitals und die drohende Verschlechterung der Lebensbedingungen darstellen, zeigt sich daran, dass das einzige Ziel meist die Verhinderung des Schlimmsten bei angekündigten Betriebsschließungen ist: Bei diesem hoffnungslosen Kampf geht es um den Erhalt des Arbeitsplatzes um jeden Preis, wofür drastischen Lohnkürzungen zugestimmt wird, um die Finanzierung von Auffangbecken oder die Höhe von Abfindungen. In der Not scharen sich die Leute um »ihren« Betrieb, was in seiner

Unmittelbarkeit einiges an Realismus beweist. Ohne dass sich auch in anderen Betrieben oder sonstwo eine andere gesellschaftliche Perspektive zeigt, wäre es einfach weltfremd, den Betrieb kaputtzustreiken oder eine angebotene Abfindung auszuschlagen, um sich zum Märtyrer zu machen. Dennoch: Trotz ihrer sinkenden gesellschaftlichen Bedeutung, die sich in dieser Beschränkung auf bloße Rückzugsgefechte ausdrückt, ist die Gewerkschaft noch lange kein toter Hund. Sie ist zum Teil durchaus mit Erfolg darum bemüht, durch SMS-Protestinitiativen, eifrige Transparentwedelei u. Ä. Aufmerksamkeit und neuen Schwung zu erhalten. Vor allem aber kann sie sich nach wie vor darauf verlassen, dass sich – Mitgliederrückgang hin oder her – immer noch bedeutende Teile der Belegschaften aus Mangel an Phantasie und Erfahrung mit anderen Kampfformen und -inhalten in ihrer Angst und Unzufriedenheit an diese alte Instanz des überholten Reformismus klammern.

Um die lahme Gewerkschaftspolitik und das Fehlen außer- und antigewerkschaftlicher Kämpfe zu erklären, bedarf es also keiner Verschwörungstheorien über fiese Bürokraten. Es sind die Beschäftigten, die ihre Rolle als Arbeitskraft im Kapitalismus akzeptieren, indem sie die Lohnarbeit nicht in Frage stellen, und damit auch nicht deren Vertretung, die Gewerkschaft. Diese ist für die Aushandlung des Preises dieser Arbeitskraft zuständig und ist um die im Rahmen der kapitalistischen Gesellschaftsordnung klügste Lohnpolitik bemüht. Die Ergebnisse und Kompromisse, die dabei zustande kommen und allgemein als kleineres Übel akzeptiert werden, sind das logische Resultat einer mit der Funktion der Gewerkschaft untrennbar verbundenen Unterordnung unter den kapitalistischen Sachzwang und einer Belegschaft, die es gelernt hat, sich nur noch repräsentieren zu lassen und sich jedem Beschluss bedingungslos fügt.

Die Gewerkschaft kann nur dann ihre Funktion als Maklerin der Arbeitskraft im Kapitalismus erfüllen, wenn sie in der Lage ist, ihr Monopol auf diese Vertretung vor den Unternehmern unter Beweis zu stellen. Zu diesem Zweck muss sie einerseits ab und zu die Fähigkeit unter Beweis stellen, ihre Mitglieder zu mobilisieren und gar mit der »Aufkündigung des sozialen Friedens« drohen. Andererseits muss sie aber auch ihre Unverzichtbarkeit unter Beweis stellen, wenn sich der Unmut doch einmal in eigenen Aktionsformen und -inhalten Bahn bricht. Schon im Vorfeld sorgt sie mit ihren Geschäftsordnungen, Statuten, Geldmitteln, der Presse und ihren Beamten für die Eindämmung jeder auch nur im Ansatz stattfindenden Revolte. Kommt es dennoch dazu, dann gilt es Gewerkschaftsbeschlüsse nach unten durchzusetzen, gegenüber den Streikenden als Ordnungsmacht aufzutreten und für die Wiederherstellung des sozialen Friedens zu sorgen. Auch in dieser repressiven Funktion kann sich die Gewerkschaftsführung der Unterstützung eines Großteils ihrer Basis gewiss sein.

24

Die autonomen Kämpfe aber, die sich der Führung der Gewerkschaften zu entwinden versuchen, tragen entgegen einer gewissen linksradikalen Mythologie nicht *per se* mehr emanzipatorische Inhalte in sich. Auch sie stagnieren oft auf dem borniertem Niveau des Standorterhalts, zu dem sich selbst die Gewerkschaften bisweilen als unfähig erweisen. Denn es ist nicht die Macht der Gewerkschaften allein, welche die Kämpfe blockiert. Vielmehr ist es das

Ausbleiben und die Begrenztheit der Kämpfe selbst, woraus sich die Macht der Gewerkschaft begründet.

Dies ruft wiederum eine maximalistische Kritik auf den Plan, die alles, was nicht sofort auf die Revolution zielt, als Reformismus diffamiert. Doch besteht ein himmelweiter Unterschied zwischen den begrenzten Kämpfen für die eine oder andere *Reform* zur Verbesserung des eigenen Lebens, und selbst den Kämpfen zur Abwendung einer Verschlechterung desselben, und dem *Reformismus*. Dieser ist eine politische Strömung, die entweder direkt auf den Erhalt des Kapitalismus zielt, indem sie dessen schlimmste Auswüchse abmildert oder unabwendbar gewordene Forderungen in institutionelle Bahnen lenkt, oder aber tatsächlich der Illusion anhängt, man könne durch eine lange Kette allmählicher Verbesserungen diese Gesellschaft in den Sozialismus transformieren. In jedem Fall aber ist es der Staat, der dies alles bewerkstelligen soll. Der Reformismus ist politisches Stellvertretertum; er muss jede Aktivität der Basis in vorgeschriebenen Bahnen halten. Hingegen werden in jenen Kämpfen überhaupt erstmal die eigenen Interessen vertreten. Nur in ihnen entsteht die Möglichkeit, aus dem Dasein als bürgerliches Rechtssubjekt, als Verkäufer seiner Ware Arbeitskraft, herauszutreten, notwendig müssen in ihnen die Kämpfenden über ihre gemeinsamen Ziele diskutieren, ihren sonst notwendigen Egoismus überwinden. Solidarität hört auf, sozialdemokratische Sonntagsphrase zu sein. Jeder Kampf hier und heute für die Verbesserung des eigenen Lebens, der sich des Stellvertretertums erwehrt, in dem Selbsttätigkeit stattfindet, ist das Experimentierfeld der zukünftigen Gesellschaft, deren Verkehrsformen nicht erst mit der Revolution auf einmal da sind.

25
Die Grenzen der Tageskämpfe dienen dem Leninismus zur Legitimation der Avantgardepartei. Als Revolutionstheorie ist er im Wesentlichen eine Theorie des Staatsstreichs, die Selbstanmaßung der Führerschaft über die bewusstlosen Massen. Sollte ihnen doch mal ein Licht aufgegangen sein, so ist es nach Lenin höchstens ein funzelig *trade-unionistisches*, und nicht das gleißende der Revolution. Die soziale Revolution kann aber nicht Sache einer Führung oder zentralen Leitung sein. Sie hat kein *Management*. Sie wäre sonst nichts weiter als die üblichen *coups d'état* oder gelenkte Revolten, die in neuerlicher Unterdrückung endeten. Der Genius der Subversion muss bei der Masse derjenigen vorhanden sein, die sie durchführen; sonst ist sie keinen Pfifferling wert. Wie sollte auch eine Revolution mit dem Ziel, die Herrschaft des Menschen über den Menschen abzuschaffen, das Leben in die eigene Hand zu bekommen, gelingen, wenn sie schon beim ersten Schritt dorthin wiederum Führung, Leitung, Managements braucht? Sie würde nur erneut in die alten Gleise der Passivität treten und die ganze alte Scheiße wiederholen.

Es war in der Geschichte der ML-Sekten seit dem Ende der 1960er Jahre oft genug Eitelkeit, wenn nicht gar maßlose Selbstüberschätzung, die ambitionierte Leute auf die Idee brachte, man brauche nur eine disziplinierte Organisation, um das Fanal zum Aufstand zu setzen und ihn zu lenken. Tausendmal wurde *die* Partei gegründet von ebenfalls Tausend, die der neue Trotzki oder Lenin sein wollten, von Leuten, deren historische Größe mit der Zwergenhaftigkeit ihrer Grüppchen wetteiferte. Immun gegen historische Erfahrung versuchten sie, ein Konzept, das die Geschichte selbst bereits verurteilt hatte, auf die Gegenwart zu übertragen. *Die Befreiung des Proletariats kann nur das Werk des Proletariats selbst sein.*

Es gibt aber eine Kritik des Leninismus, die arbeitertümelnd das Problem des Klassenbewusstseins überhaupt verwirft. Das Bewusstsein sei unerheblich, da es, nach einem beliebten Marx-Zitat, nicht darauf ankomme, was sich dieser oder jener Proletarier vorstelle, sondern darauf, was die Proletarier historisch zu tun gezwungen sein werden. Dieser optimistische Geschichtsdeterminismus mogelt sich darüber hinweg, dass die Proletarier *nie* zur Revolution gezwungen sein werden, die den Anfang vom Ende der Vorgeschichte markiert, da die Menschen in ihr beginnen, ihre Geschichte bewusst zu machen. Eben dieser »Voluntarismus« ist das richtige Moment des Leninismus, das durch seine elitäre Parteikonzeption um seine Wahrheit gebracht wird.

Es gilt die falsche Alternative von leninistischer Selbstanmaßung und arbeitertümelnder Selbstverleugnung zu überwinden. Der moderne kommunistische Standpunkt ist keiner, der äußerlich an die Klasse herantritt, er will ihr weder paternalistisch das Heil bringen, noch erwartet er es devot von ihr. Er weiß vielmehr seinen subjektiven Beweggrund zum Kommunismus objektiv zu deuten, ihn rational und systematisch in seiner Gesellschaftlichkeit zu verstehen, eine Gesellschaftlichkeit allerdings, die er vorerst nur *in abstracto* mit allen anderen Proletariern teilt und dessen Wissen darum unwirklich bleibt.

In der Praxis muss er die Wirklichkeit und Macht, die Diesseitigkeit seiner Kritik beweisen. Ohne die kollektive Praxis des Klassenkampfs, in der die Proletarier und Kommunisten untereinander und miteinander in Kommunikation und Interaktion treten können, bleibt die kommunistische Kritik stets auf sich selbst zurückgeworfen, auf die Jenseitigkeit eines abstrakten *citoyen*-Standpunktes, der praktisch nicht in der Lage ist, *innerhalb* der Klasse Stellung zu beziehen.

26

Theorie und Praxis, deren Ineinander sich in revolutionären Momenten der Geschichte andeutete, schließen sich heute in erstarrter Opposition gegenseitig aus. Dies findet einen entsprechenden Ausdruck in dem, was man die kritische oder radikale Öffentlichkeit nennen kann. Einerseits in einem *Akademismus*, der bei allen richtigen Teilerkenntnissen nie zur Totalität der Verhältnisse vordringen kann, da er die Bedeutung der verändernden Praxis als Mittel der Erkenntnis nicht begreift, und andererseits in einem kurzatmigen *Aktivismus*, der nur sich selbst und nie die Gesellschaft in Bewegung versetzt.

Wer nicht begreift, kann nicht wirklich handeln, und wer nicht handeln will, wird auch nicht begreifen. Man lese nur die Druckerzeugnisse der studentischen Linken, wohne ihren gespenstischen Vortragsversammlungen bei, und man versteht auf der Stelle, woher die Feindschaft gegen Theorie ihre Nahrung bezieht, wie zum anderen unter nicht wenigen der radikal sich gebenden Akademiker das Ressentiment vorherrscht, dass unterhalb eines Universitätsdiploms die entscheidenden Erkenntnisse über die Verhältnisse gar nicht zu haben seien.

Der Aktivismus allerdings, der sich über den Akademismus erhaben dünkt, weil er ja schließlich was tut, ist nur die andere Seite dieser doktorbehüteten Missratenheit. So sehr die Anlässe, zu denen er mobilisiert, kritikwürdig sein mögen, so wenig ändert er im Grunde etwas an den Verhältnissen, die sie erst ermöglichten. Mit großem Getöse werden Kampagnen gegen Gipfeltreffen, für den Euromayday, für Existenzgeld und dergleichen lanciert und als subversiv vermarktet.

Dieses gesellschaftliche Engagement unterscheidet sich im Grunde von keinem anderen politischen Handeln, und *Politik ist das gesellschaftliche Handeln, das getrennt von der Gesellschaft ist.* Es findet in jener höheren Sphäre statt, wo ein jeder abstrakt bereits gesellschaftliches Individuum ist, ohne sich über die jeweils konkreten Interessen der Niederungen wirklich Rechenschaft ablegen zu müssen. Nicht aus der gesellschaftlichen Praxis heraus wird eine Position entwickelt, sondern dieser einfach übergestülpt. Dann gilt es, Anhänger zu gewinnen, was manchmal schon als einziger Zweck solcher Kampagnen erscheint, so oft wechselt deren Inhalt. Ähnlich wie beim Warenverkauf werden Marketingtricks angewendet, um das neuste eigene Produkt unter die Massen zu bringen. Hinter symbolischen Aktionen sollen sich diese scharen. Selbst da, wo Leute zum Handeln angeregt werden sollen, sind sie nur Objekte, pädagogisch zu manipulierendes Material. Politik ist nur die äußere Vereinheitlichung getrennt bleibender Individuen zu ihnen äußerlichen Zwecken.

27
In der klassenlosen Klassengesellschaft hat sich die Suche nach einem zentralen Segment der Proletarisierten erledigt. Die erhebliche Produktionsmacht, über die die Industriearbeiterklasse weiterhin verfügt, ist keine Gewähr dafür, dass ihre Kämpfe auf die zahllosen anderen

Lohnabhängigen ausstrahlen und ausgeweitet werden. Weniger denn je kann es darum gehen, einen vermeintlichen Schlüsselsektor ausfindig zu machen.

Folgerichtig haben die gegenwärtigen sozialen Bewegungen gegen den sogenannten Neoliberalismus die *Vielheit* der Orte der proletarischen Realität im Auge, ohne sie allerdings noch als Momente einer Klasse zu denken; sie wird zur *Vielfalt* verkitscht und erhält theoretische Weihe durch die Ideologie der »*Multitude*«. Die richtige Erkenntnis des besagten Fehlens eines zentralen Segments und die richtige Weigerung, die Einzelnen einer Einheit unterzuordnen, mündet jedoch nur in einem neuen Konservatismus der Identitätspolitik. Nicht mehr wird die Umwälzung der Verhältnisse angestrebt, sondern lediglich eine »Welt, in der viele Welten Platz haben«. Eine Welt, in der alle bleiben, was sie heute sind: Arbeiter, Bauern, Künstler, Informatiker, Indigenas und so fort. Die Identitäten haben sich vervielfältigt, aber man hält an ihnen so eisern fest wie die Steinzeitmarxisten an der einen proletarischen. Aus der sozialistischen Affirmation der Arbeiterklasse ist die reformistische der »Multitude« geworden, aus dem gerechten Lohn das Grundeinkommen für alle, aus dem Vaterland der Werktätigen das Recht auf universelle Staatsbürgerschaft – die postmoderne Wiederkehr von allem, was schon an der alten Arbeiterbewegung des 19. und 20. Jahrhunderts faul war.

28

Der moderne kommunistische Standpunkt, der das Proletariat nicht verewigen, sondern aufheben, das Geld nicht gerechter verteilen, sondern überwinden, den Staat nicht demokratisieren, sondern abschaffen will, nimmt sich neben den zahllosen linken Versuchen, diese gesellschaftlichen Formen menschenfreundlich umzufunktionieren, aberwitzig aus. Er ist aber keineswegs utopisch, da er nur die objektiven Widersprüche der Gesellschaft auszutragen sucht; einer Gesellschaft, die sich zugleich durch die totale Vergesellschaftung wie die vollständige Atomisierung der Menschen auszeichnet, die einen noch nie da gewesenen Reichtum wie unbeschreibliches Elend erzeugt; die Produkt aller ist und dennoch eigenen Gesetzen folgt und sich jeder Kontrolle entzieht. Im Unterschied zur akademischen Linken weigert sich der kommunistische Standpunkt, die wirkliche Verdinglichung in der Theorie zu wiederholen; wo verwirrte Professoren die Gesellschaft in Begriffen von »Macht«, »Struktur«, »Diskurs« verdunkeln, sieht er nur das Werk von Menschen, bestimmte historische Formen gesellschaftlicher Praxis, die aufgehoben werden können.

Die kommunistischen Kritiker der Zustände erfahren sich als getrennt von der übergroßen Mehrheit der Proletarisierten, und sie sind es zunächst auch. Diese Trennung aber zu überhöhen, indem man die Kritik der Gesellschaft zu einer ungeheuer schwierigen Angelegenheit erklärt, hieße, den von allen geteilten Erfahrungsgrund zu leugnen, aus dem die kommunistische Kritik hervorgeht; und es hieße vor allem leugnen, dass die Rechtfertigung der Verhältnisse heute mehr Anstrengung bedarf als ihre Ablehnung: Die Widersprüche der Gesellschaft, die die kritische Theorie auf den Begriff zu bringen versucht, werden von allen erfahren und von vielen insgeheim erkannt. Die Macht der Ideologie gründet weder in der vermeintlichen Undurchschaubarkeit der Verhältnisse noch in der Ignoranz der Individuen, sondern darin, dass sie das Leben unter der Herrschaft des Kapitals, die von den Einzelnen selbst zu leistende Unterdrückung der Bedürfnisse, zum unausweichlichen Schicksal rationalisiert und dadurch erträglicher macht. Weil andere Verhältnisse verstellt sind, fügt sich das Alltagsbewusstsein den bestehenden ein.

Aufklärungsbemühungen, die den Leuten mit guten Argumenten auf die Sprünge helfen wollen, bleiben daher ohnmächtig. Es ist ein altes Missverständnis zu glauben, Marx habe die Klassenkämpfe initiiert, gar den Kommunismus »erfunden«. Die Klassenkämpfe gingen ihrer Theorie voraus und brachten die Möglichkeit des Kommunismus zum Ausdruck, die die Theorie reflektierte und in die Kämpfe als pointierte Position zurücktrug. Auch heute müssen die Proletarisierten bereits den ersten Schritt gegangen sein, um ein Bedürfnis nach Begreifen der Verhältnisse und schließlich ihrer Überwindung zu entwickeln. Was den ohnmächtigen Vereinzelten abwegig scheint, wird denkbar, sobald die kollektive Aktion den Schein zerstört, die Verhältnisse seien unverrückbar; mitunter verwandeln sich dann Duckmäuser in Rebellen, und Leute, die nie eine Zeile Marx gelesen haben, werden auf einmal die besten Kommunistinnen. Avantgarde sind schlicht die, die im richtigen Augenblick das Richtige tun und so die Möglichkeiten, die in den versteinerten Verhältnissen liegen, ans Tageslicht bringen.

Für die versprengten Unzufriedenen, die sich in tristen Zeiten in kommunistischen Zirkeln zusammenfinden und gelegentlich lange Thesen verfassen, bedeutet dies *erstens*, dass sie es ablehnen zu taktieren, um »Glaubwürdigkeit« zu buhlen und sich bei irgendwem mittels »realistischer« Programme anzubiedern, um ihre Trennung von der Masse der Lohnabhängigen zu überwinden: »Die

Anpassung ans falsche Bewusstsein hat dieses noch nie verändert« (Hans-Jürgen Krahl). Sie kennen den Unterschied zwischen dem Geschimpfe auf »die Bonzen« und der Kritik des Lohnsystems und halten ihn für keineswegs nebensächlich. Sie halten es mit Rosa Luxemburgs Auffassung, nichts sei revolutionärer, als zu erkennen und auszusprechen, was ist. Aber sie wissen *zweitens,* dass eben dies kein Monolog irgendwelcher Organisationen ist, die sich zur Konservenbüchse des revolutionären Klassenbewusstseins stilisieren; der kritische Materialismus kennt keine fix und fertigen Wahrheiten, die nur noch unters Volk gebracht werden müssten.

Bei aller Verschiedenheit proletarischer Lebensweisen und Überlebensstrategien weltweit ist es heute so, dass sie Verschiedenheiten *innerhalb* des Weltproletariats sind. Die kommunistische Kritik trägt dem Rechnung. Sie bliebe allerdings eine Chimäre, eben bloß abstrakt, rudimentär und unvollständig, ohne das Wissen und die Erfahrung der Proletarierinnen und Proletarier in der Produktion, ohne deren Produktionswissen. Die weltweite Aneignung und Revolutionierung der Produktion des materiellen Lebens hängt in letzter Instanz von diesem Wissen ab.

Was die über den Globus verstreuten Kommunistinnen und Kommunisten eint, ist nicht die Zugehörigkeit zu einer formalen Organisation, gar Weltpartei. Auch die kommunistische Selbstetikettierung der einen oder des anderen ist unwesentlich. Entscheidend ist die Fähigkeit, die getrennten Kämpfe weltweit aufeinander zu beziehen, die darin gemachten Erfahrungen zu kommunizieren und in diesen Auseinandersetzungen die lähmenden von den vorwärtsweisenden Momenten zu scheiden, die egoistisch-lokalistisch und ständischen, von denen, die auf Ausweitung und Kommunisierung zielen. Dies macht die freie Assoziation der Kommunistinnen und Kommunisten notwendig, die sie befähigt, vor Ort das Richtige für das Ganze zu tun, aus Erkenntnis, nicht aufgrund von Weisungen eines allwissenden revolutionären *Headquarters*. Eine freie Assoziation, welche durch die zwanghafte des Kapitalismus erst möglich wird, aber schon in ihrem Bestehen eine Vorwegnahme der freien Menschheit ist. Diese *historische Partei* löst sich dann aber im klassenbewussten Proletariat auf; dem Proletariat, das für seine Selbstaufhebung *bereits weltweit kämpft*.

THESEN ZUR KRISE

1

Sozialrevolutionäre Gegnerschaft zu den Verhältnissen ist nicht von der Entwicklung der Börsenkurse abhängig. Lebensumstände, wie sie im Zuge der Krise für breitere Massen in den kapitalistischen Zentren sich ankündigen, sind für die erdrückende Mehrheit des globalen Proletariats längst Alltag, und auch die metropolitane Angestellte, die ihre knapp bemessene Lebenszeit am Bankschalter absitzen muss, hat guten Grund zur Rebellion. Aber die Entwicklung der Börsenkurse kann eine Situation schaffen helfen, in der die Gegnerschaft zu den Verhältnissen nicht mehr folgenlose Angelegenheit weniger, sondern praktische Tätigkeit vieler ist. Sie vertieft die Kluft zwischen Wirklichem und Möglichem und lässt den Gegensatz von Wert und Gebrauchswert noch deutlicher hervortreten, etwa im Bild des amerikanischen Polizisten, der durch ein verlassenes Haus patrouilliert, um sicherzustellen, dass seine bankrotten Bewohner auch tatsächlich ausgezogen sind und nun unter einer Brücke oder in einer der vielen neuen Zeltstädte ihr Dasein fristen. Eine Gesellschaft, in der die bewaffnete Staatsmacht dafür sorgt, dass ein Haus seinen menschlichen Zweck nicht erfüllt, ist offenkundig verrückt, und sobald die Proletarisierten im Bild dieses

Polizisten das Wesen der Gesellschaft erkennen, könnte die Geschichte eine unerwartete Wendung nehmen.

Es ist andererseits ein historisches Faktum, dass die letzte große Krise von 1929 der Konterrevolution in ihrer konzentriertesten Form zum Durchbruch verhalf und in Faschismus, Weltkrieg und Massenvernichtung mündete. Deshalb herrscht heute, während das Kapital unfreiwillig daran arbeitet, um den Preis des eigenen Untergangs die Aktualität des *Kapital* zu demonstrieren, unter seinen Gegnern eher Angst vor der Katastrophe als Hoffnung auf Revolution. Der Verlauf des 20. Jahrhunderts hat die Marx'sche Krisentheorie als Revolutionstheorie zu dramatisch außer Kurs gesetzt, als dass man etwa Karl Heinz Roth widersprechen wollte, wenn er davor warnt, auf die »Beschleunigung und Vertiefung der Krisendynamik« zu setzen, da die »Automatik von Krise und Revolution […] spätestens seit dem Ausgang der Großen Depression des vergangenen Jahrhunderts widerlegt« sei.

Die Schwierigkeiten beginnen dort, wo der Wunsch, das Schlimmste möge uns erspart bleiben, zum Vater des Gedankens wird und die Phantasie hervorbringt, mit einer »radikalen Zuspitzung der anlaufenden antizyklischen Reformprogramme« (Roth) sei der totale Crash abzuwenden und damit zugleich die Überwindung der Verhältnisse einleitbar. Die Feststellung, dass es keine Automatik von Krise und Revolution gibt, gerät zur Aufforderung, statt des Umsturzes die Reparatur der ramponierten Ökonomie ins Auge zu fassen, indem man sie bis zur Unkenntlichkeit reformiert und schließlich friedlich in den Sozialismus überführt; die Angst vor einem barbarischen Krisenausgang wird zur Quelle reformistischer Illusionen. Allen derzeit propagierten »linken Alternativen zur Krise« liegt die Annahme zugrunde, die Blamage des sogenannten Neoliberalismus eröffne die Aussicht auf einen politischen Kurswechsel und das staatliche Krisenmanagement könne zugunsten der Lohnabhängigen über sich hinausgetrieben werden. Die Ironie dabei ist, dass gerade die erhoffte »Zuspitzung« der Staatsinterventionen nur in den Staatsbankrott münden kann, den Roth und andere gerade abwenden wollen.

Es gibt keine »Alternativen zur Krise« und keine soziale Krisenlösung. Im Gegenteil setzt die Überwindung der Krise eine Verschärfung jener Konterreformen auf die Tagesordnung, mit denen bereits seit geraumer Zeit daran gearbeitet wird, die Interessen der Lohnabhängigen auf ihr akkumulationsverträgliches Maß zurechtzustutzen. Für deren Kämpfe gilt daher auch heute, was die revolutionären Syndikalisten der I.W.W. während der Großen Depression in ihrem Programm 1933 festhielten: »In der Niedergangsperiode des Kapitals hat der Streik [...] erst wirkliche revolutionäre Bedeutung. Jeder Erfolg der Arbeiter vertieft die Krise.«

2

Die viel zitierte Realwirtschaft wurde nicht von einer Finanzkrise überrumpelt, sondern stellt selbst den tieferen Krisengrund dar. Zwei Widersprüche des Kapitals schlingen sich auf fatale Weise ineinander: ihr Drang, über die Schranken des Marktes hinaus zu produzieren, und ihre Tendenz, lebendige Arbeit – die alleinige Quelle von Wert und Mehrwert – beständig durch Maschinerie zu ersetzen. Das Ergebnis ist eine massive Überakkumulation: Während die von den Arbeiterinnen in Bewegung gesetzten Maschinenparks immer gigantischer werden und die

Masse der Gebrauchswerte in den Himmel wachsen lässt, wird die Verwertung zunehmend schwieriger, da immer größere Summen für die gegenständlichen Bedingungen der Ausbeutung aufgewendet werden müssen, die selbst keinen Wert schaffen. »Der Bau der General-Motors-Fabrik in Lordstown, Ohio, die seinerzeit die am weitesten automatisierte Automobilfabrik der Welt war, kostete 1966 100 Millionen Dollar; im Jahr 2002 gab GM 500 Millionen Dollar für die Modernisierung des Werks aus, die es erlaubte, die Belegschaft von 7.000 auf 2.500 Beschäftigte zu reduzieren. Nur sieben Jahre später bettelt GM um Regierungsgelder, um einen Bankrott abzuwenden.« (Paul Mattick [Jr.]) In Marx' Satz, die Profitrate falle nicht etwa, »weil die Arbeit unproduktiver, sondern weil sie produktiver wird«, liegt die revolutionäre Pointe seiner Krisentheorie: Es ist gerade die historisch beispiellose Fähigkeit des Kapitals, die Produktivkräfte der gesellschaftlichen Arbeit zu entwickeln, die ihm ein ums andere Mal zum Verhängnis wird, und dieser zunehmende Widerspruch zwischen Reichtumsproduktion und Verwertung eröffnet die Aussicht auf die Commune.

Der falsche Schein, dass höhere Produktivität zwangsläufig höheren Profit bedeute, resultiert aus der Konkurrenz, in der sich tatsächlich das produktivere Einzelkapital durchsetzt: Es kann seine Waren billiger verkaufen und entsprechend Marktanteile erobern, oder zum üblichen Marktpreis verkaufen und einen entsprechenden Extraprofit einfahren. Doch in dem Maße, in dem sich die höhere Produktivität verallgemeinert, verdampft nicht nur der Extraprofit der zuvor produktiveren Einzelkapitale, sondern es schrumpft überhaupt der Anteil der lebendigen Arbeit im Verhältnis zum konstanten Kapital. Wenn alle

Unternehmen handeln wie GM – und dazu sind sie bei Strafe des Untergangs gezwungen –, wenn in der gleichen Arbeitszeit doppelt so viele Autos wie vorher produziert werden können, hat sich nicht der Wert der Gesamtproduktion verdoppelt, sondern ist umgekehrt der neu zugesetzte Wert jedes einzelnen Autos um die Hälfte gefallen. Verteilt sich aber der Gesamtmehrwert auf eine immens gewachsene Masse von Waren, muss zu seiner Realisierung der Markt entsprechend stark ausgeweitet werden. Je mehr Arbeiterinnen jedoch durch Maschinerie verdrängt werden, je stärker das Kapital zudem seiner sinkenden Profitabilität durch einen immer schärferen Angriff auf die Reallöhne entgegenzusteuern sucht, desto dramatischer verschärft sich auch der »Widerspruch zwischen den Bedingungen, worin dieser Mehrwert produziert, und den Bedingungen, worin er realisiert wird« (Marx). Heere von Niedriglohnsklaven geben keine kauffreudigen Konsumenten ab, und wie der aktuelle Crash offenbart hat, konnte etwa die Arbeiterklasse in den USA ihren Lebensstandard nur noch durch hemmungslose Verschuldung aufrechterhalten.

In der Autoindustrie, deren Produktionskapazität 2009 mit 90 Millionen Fahrzeugen ihren Absatz um das Doppelte überragen könnte, tritt die Überakkumulation vermutlich am drastischsten zutage, aber grundsätzlich zeigt sich überall dasselbe Bild: massiver Anstieg des Kapitaleinsatzes pro Arbeiterin, Überkapazitäten, verschärfter Konkurrenzkampf, Preisverfall, sinkende Profite. Die Chipfabriken, die heute nicht mehr wie in den 1970er Jahren ein paar Millionen, sondern mehrere Milliarden Dollar kosten, sind oftmals nur zur Hälfte ausgelastet; die Solarbranche ächzt ebenfalls unter Überkapazitäten; die gesamte Unterhaltungselektronikbranche steckt bereits in einem gnadenlosen Verdrängungswettbewerb; auch die Fluggesellschaften stehen vor einem Preiskrieg, weil zu viele Flieger für zu wenig Passagiere am Himmel sind. So gilt nicht nur für die Halbleiterindustrie, was ein Brancheninsider unlängst in der *New York Times* über diese klagte: »Es ist ein furchtbares, grauenvolles Geschäft... Für kurze Zeit kann man Profit machen, aber dann ziehen alle anderen nach und schon gibt es wieder ein Überangebot.«

Worin die Überwindung dieses Zustands besteht, führt die Krise bereits in aller Deutlichkeit vor: in Kapitalvernichtung und einer Erhöhung der Ausbeutungsrate. Das Überleben des Kapitals als Produktionsverhältnis erfordert, dass einzelne Kapitalien über den Jordan gehen. Aufgeblähte Aktienkurse fallen in sich zusammen, Fabriken werden kurzerhand stillgelegt oder zu Schleuderpreisen von der Konkurrenz übernommen, die dergestalt ihre Profitrate sanieren kann, die in die Höhe schnellende Arbeitslosigkeit begünstigt Lohnsenkungen und zusätzliche Mehrarbeit. So bereitet der Lauf der Krise einem neuen Aufschwung den Boden. Auch die schwere Krise von 1929 wurde nicht auf friedlichem Wege durch den *New Deal* unter Franklin D. Roosevelt gelöst, sondern durch die von Großer Depression und Zweitem Weltkrieg bewerkstelligte Kapitalvernichtung und -entwertung. Die sozialreformerische Politik im Amerika der 1930er Jahre hatte Massen von Arbeitern zu glühenden Anhängern des US-Präsidenten gemacht und in Staat und Gewerkschaften integriert, ohne jedoch die Profitproduktion wieder anzukurbeln. Nach einer kurzlebigen Erholung lag die Industrieproduktion 1938 deutlich unter dem Niveau der Vorkrisenzeit und die Zahl der Arbeitslosen bei zehn Millionen. Erst das gigantische Rüstungsprogramm des Zweiten Weltkrieges brachte die Ökonomie auf Hochtouren und senkte die chronische Arbeitslosigkeit spürbar – um den Preis einer aberwitzigen Staatsverschuldung, die im Zuge des durch die Kapitalvernichtung ermöglichten Nachkriegsbooms jedoch zunächst wieder abgebaut werden konnte.

3

Dieser Nachkriegsboom mit hohen Wachstumsraten, annähernder Vollbeschäftigung und steigenden Löhnen hielt bis Mitte der 1970er Jahre an und war tatsächlich von keinen größeren Krisen unterbrochen. Das falsche Versprechen John Maynard Keynes', mittels weitsichtiger Staatsinterventionen könne eine Art »Daueraufschwung« erzeugt werden, schien sich zu erfüllen und viele der marginalisierten Revolutionäre brachen mit einer Tradition, die ihr Los an den unaufhaltsamen Zusammenbruch der Ökonomie gekettet hatte. Doch nicht erst 2008, sondern bereits 1974/75 wurde angesichts eines scharfen Kriseneinbruchs deutlich, dass es mit der Stabilität des staatlich regulierten Kapitalismus nicht so weit her war, wie auch und gerade manche seiner Gegner angenommen hatten. Die Profitraten befanden sich bereits seit Mitte der 1960er Jahre im Niedergang, die Akkumulation verlangsamte sich und die militanten Fabrikkämpfe, die in den meisten Ländern durch eine niedrige Arbeitslosigkeit begünstigt wurden, hatten das Lohnniveau spürbar in die Höhe getrieben. Vereinzelte Stimmen hatten schon während der Ära der Nachkriegsprosperität Zweifel angemeldet, ob ihr eine längere Dauer beschieden sein würde. So konnte

Paul Mattick in *Marx und Keynes* (1969) schlüssig zeigen, dass Keynes 1936, inmitten der Großen Depression, mit der Formel von der »sinkenden Grenzleistungsfähigkeit des Kapitals« das Phänomen der fallenden Profitrate zwar registriert, zugleich jedoch als ein Problem missverstanden hatte, das mittels antizyklischer Wirtschaftspolitik behoben werden könne; nämlich durch eine defizitfinanzierte staatliche Ankurbelung der Konjunktur, deren Anspringen es dann wiederum erlaube, die Schulden abzubauen. Wie Mattick darlegte, lief dieses Spiel nur darauf hinaus, mit der einen Hand zu geben, was mit der anderen genommen wird: Um seine Investitionen zu finanzieren, muss der Staat Mehrwert aus der Wirtschaft abzweigen oder eine Wette auf den Mehrwert von morgen eingehen, indem er sich verschuldet; da die mangelnde Profitabilität kapitalistischer Produktion in deren ureigenster Akkumulationsdynamik wurzelt, können derartige staatliche Eingriffe das Problem nicht beheben, sondern nur überdecken und den Ausbruch der Krise verzögern. Bereits Mitte der 1970er Jahre mussten dieselben Großkopferten der Nationalökonomie, die eben noch das krisenfreie »gemischte Wirtschaftssystem« gefeiert hatten, eingestehen, dass »die gleichzeitige Existenz von Arbeitslosigkeit und Inflation ein Rätsel und eine unbequeme Tatsache« sei. 1980 lag die Inflation in den USA bei 12,5 und in Großbritannien bei 20 Prozent.

Angesichts dessen ist die linke Erzählung, einige marktradikale *Chicago Boys* hätten mittels allgemeiner Gehirnwäsche – auf akademisch: »diskursive Verschiebungen«, »Erlangung diskursiver Hegemonie« usw. – einen blühenden sozialdemokratischen Kapitalismus zertrümmert, um die Ära des Neoliberalismus einzuläuten und aus reiner Habgier eine »Umverteilung von unten nach oben« in Gang zu bringen, nur Geschichtsklitterung. Nicht nur waren die »Goldenen Jahre« nach 1945 für das Proletariat doch ganz überwiegend grauer Arbeitsalltag; vor allem aber muss all das, was diese Erzählung zu einem reinen Willensakt neoliberaler Eliten stilisiert, als durchaus zwingende Krisenbewältigungsstrategie dechiffriert werden. Nicht die Umtriebe von McKinsey sind die Triebkraft hinter den Privatisierungen der letzten dreißig Jahre, sondern die wachsende Staatsverschuldung und vor allem die damit verbundenen Zinsen, die auf Kosten eines zukünftigen Mehrwerts bedient werden müssen: Die Privatisierungswelle verfolgt das doppelte Ziel, die Staatsausgaben so weit wie möglich ohne Steuererhöhungen und zusätzliche Verschuldung zu finanzieren und die Bedingungen auf dem Arbeitsmarkt durch stärkere Konkurrenz zugunsten der Unternehmer zu verschieben. Angesichts des Anlagenotstands eines überakkumulierten Kapitals, das sich neue Verwertungssphären erschließen muss, kam sie wie gerufen. Nicht Raffgier der Reichen treibt den Angriff auf die Löhne voran, sondern sinkende Profitraten, die durch verschärfte Ausbeutung saniert werden müssen – und die von der Überakkumulation bedingte Massenarbeitslosigkeit erleichtert es enorm, den Wert der Ware Arbeitskraft zu senken. Nicht die Ideologie des Marktradikalismus oder irgendwelche »Diskurse« über das »unternehmerische Selbst« machen die sozialstaatliche Abmilderung der Härten des proletarischen Daseins mehr und mehr zu einer Sache von gestern, sondern die Belastung der schwächelnden Profitabilität durch den Sozialstaat und der Zwang, die Schlupflöcher der Nicht-Arbeit auszuräuchern, um die Proletarisierten zu immer mieseren Bedingungen an die Arbeit zu bringen. Kurz: Der sogenannte Neoliberalismus, den der linke Reformismus – heute mehr denn je – zum Grund der Krise erklärt, ist bereits selbst eine Reaktion auf die Stagnationstendenzen seit den 1970er Jahren.

4

Diese Reaktion kam mitunter einer Kriegserklärung an die Arbeiterklasse gleich, am unverhohlensten wohl unter Gestalten wie Thatcher, Reagan und natürlich Pinochet. Sie entsprang einer Situation, in der »Arbeitermacht« vielerorts kein Hirngespinst von Sozialromantikern war, sondern sich in heftigen Streiks, starken Lohnsteigerungen und wachsenden Sozialausgaben niederschlug. Es war daher kein Zufall, dass die überlieferten marxistischen Krisentheorien, die die objektiven, inneren Widersprüche der Produktionsweise – den Fall der Profitrate und das Problem der Wertrealisierung – ins Zentrum gerückt hatten, in den 1970er Jahren durch stärker subjektiv gefärbte Theorien ergänzt oder verdrängt wurden: Nicht die objektiven Bewegungsgesetze, sondern die Kämpfe der Arbeiterinnen hatten demnach das Kapital in die Krise getrieben. Für manche dieser autonomen Theoretiker löste sich kurzerhand alles in Klassenkampf auf, andere blieben nüchtern und versuchten dessen Ineinandergreifen mit den objektiven Widersprüchen herauszuarbeiten. Den scharfen Kriseneinbruch in den 1970er Jahren darauf zurückzuführen, dass dem Fall der Profitrate nicht sogleich durch eine verschärfte Ausbeutungsrate entgegengewirkt werden konnte, sondern die Klassenkämpfe diese vielmehr weiter unter Druck setzten, war alles andere als weit hergeholt. Marx hatte die Entwicklung der Löhne als abhängige Variable der Akkumulation verstanden: in Aufschwungphasen mit niedriger Arbeitslosigkeit steigen sie, mit dem Umkippen in den Abschwung fallen sie. Die neue autonome Krisentheorie gründete sich darauf, dass dieser Anpassungsprozess länger dauerte und erbitterter umkämpft war als in früheren Perioden. Aber die Arbeiterautonomie konnte nicht von Dauer sein. Früher oder später mussten sich die Gesetze des Kapitals wieder durchsetzen. Vor dem Hintergrund von Massenentlassungen und steigender Arbeitslosigkeit konnte die Lohnexpansion in den letzten Jahrzehnten nicht nur gestoppt, sondern umgekehrt werden.

Heute läuft jeder Versuch, die Krise auf den Klassenkampf zurückzuführen, auf theoretische Verrenkungen hinaus; selbst das Platzen der *Subprime*-Blase muss als Existenzbeweis einer renitenten Arbeiterklasse herhalten. Die gegenwärtige Krise nötigt tendenziell zu dem, was den Autonomen als »Objektivismus« galt: Sie verdankt sich keiner Offensive der Proletarierinnen, sondern wurzelt tatsächlich in den objektiven Widersprüchen des Kapitals. Mehr noch: Ihre Brisanz besteht nicht nur darin, dass sie alle Sektoren und die ganze Welt erfasst und diese Welt proletarisierter ist denn je; sie folgt überdies auf eine Serie von Niederlagen der Lohnabhängigen – so dass die anstehenden Verzichtsrunden nun wirklich ans Eingemachte gehen müssen, um der Krise entgegenzusteuern.

5

Die Ausweitung der Finanzsphäre, die im öffentlichen Bewusstsein und großen Teilen der Linken als Krisengrund gilt, ist ihrerseits Folge der schwächeren Akkumulationsdynamik: Sie dient als Zufluchtsort für überschüssige Kapitalmassen, die nicht mehr produktiv investiert werden können. Für sie wird die Verwertung de facto vom lästigen Produktionsprozess befreit. Aber die Autonomie der Finanzsphäre von der Produktion erweist sich als nur relativ: Auch die Flucht in die Finanzialisierung vermag den offenen Krisenausbruch lediglich hinauszuzögern.

Ironischerweise war es eine alles andere als neoliberale Entwicklung, die die Saat für die Blüte der Finanzwelt bildete: Vielmehr war es die beständig wachsende Staatsverschuldung, die den Handel mit Staatsanleihen beflügelte. In den USA wuchs sie von 250 Milliarden Dollar 1948 auf 900 Milliarden 1980 und schließlich 9 Billionen 2007, und in den meisten industrialisierten Ländern verlief die Entwicklung ähnlich. Gerade in der vermeintlich neoliberalen Ära ist die Staatsverschuldung in den entwickelten Ländern dramatisch gestiegen: Im Durchschnitt von rund 35 Prozent des Bruttosozialprodukts zu Beginn der 1980er Jahre auf etwa 65 Prozent im Jahr 2008.

Schulden kann der Staat machen, indem er sich Kredite bei den Banken besorgt oder Staatsanleihen herausgibt, die auf den Finanzmärkten verkauft werden. Was dem Staat Schulden sind, sind den Geldkapitalisten staatliche Schuldscheine. Aber anders als beim Kauf einer Ware, wo Wert gegen Wert getauscht wird, existiert bei der Aufnahme eines Kredits und beim Verkauf eines Staatspapiers der Wert nur auf einer Seite, nämlich als Geld, und nicht ein zweites Mal als Titel; dennoch kann der Titel selbst wieder gehandelt und an einen Dritten verkauft werden. Dasselbe geschieht bei der Ausgabe von Aktien: Das Geld fließt in das Unternehmen, welches es als Kapital investiert, während die Aktien ein unabhängiges Leben an der Börse führen. So entsteht zwangsläufig die Illusion, Wertpapiere seien reale Werte, und daher bezeichnet Marx den Teil des Bankkapitals, der aus solchen Papieren besteht, als fiktives Kapital. Während die Preise der im Produktionsprozess erzeugten Waren von der in ihnen geronnenen notwendigen Arbeitszeit abhängen, wird der Preis der Wertpapiere durch das zu erwartende Einkommen und den Zinsfuß bestimmt.

Doch Wertpapiere sind merkwürdige Waren: Sie verderben nicht, der Besitzer kann sie ewig halten. Und so wird zum Beispiel der nominelle Preis einer Aktie durch die tatsächlich gehandelten Aktien bestimmt. Kommen zusätzliche Käufer auf den Markt, so steigt nicht nur der Preis der verkauften Aktien, sondern der aller Aktien desselben Unternehmens. Nur so erklärt sich der ungeheure Anstieg des Dow-Jones-Index, der 1980 um die Marke von 1.000 lag und 2007 bereits bei 14.000. Obwohl der Preis einer Aktie letztlich durch den Zinsfuß und die zu erwartende Rendite bestimmt ist, wird sie nicht dieser Rendite wegen gekauft, sondern weil ihr Preis steigt und darauf spekuliert wird, dass er dies weiterhin tun wird. Die Massen überschüssigen Kapitals, die nach lukrativen Anlagemöglichkeiten suchen, treiben die Preise in die Höhe. Allein: Brechen aufgrund mangelnder Rentabilität des Unternehmens die Dividenden ein, bricht eine massive Verkaufswelle los und der frühere nominelle Wert erweist sich als Luftnummer. Fiktives Kapital wird entwertet und vernichtet.

Staatsanleihen und Aktien bilden den Grundstock, auf dem sich die Finanzmärkte in den letzten Jahren explosionsartig entwickelt haben. Aber nicht nur sie, sondern auch jeder öffentliche oder private Schuldschein kann verkauft werden, sogar eine Versicherung, die ein zukünftiges Einkommen zwar nicht garantiert, es aber immerhin verspricht, sofern der Versicherungsfall – zum Beispiel die Nicht-Einlösung einer Schuld – eintritt. Gewettet wird auf ein Ereignis. Eine Wette kann auch darauf abgeschlossen werden, dass irgendeine andere Wette zwischen ganz anderen Partnern gewonnen oder verloren wird. Auf der Basis eines ursprünglichen Schuldscheins lassen sich so etliche neue Verträge abschließen, die ihrerseits als eigenständige Papiere verkauft werden können – die berühmt-berüchtigten Derivate. Das nennt man Finanzprodukte-Innovation. Je mehr in den letzten Jahrzehnten Zyklus um Zyklus die Profitrate gesunken ist, umso stärker die Neigung, überschüssiges Kapital durch gelungene Spekulationen mit diesen neuen »Produkten« zu verwerten. Der Siegesmarsch der Derivate wird deutlich, wenn man bedenkt, dass ihr nominaler Wert von 600 Milliarden Dollar im Jahr 1986 auf 17 Billionen Dollar im Jahr 1999 wuchs und schließlich 2007 die exorbitante Summe von 500 Billionen erreichte, was dem Achtzigfachen des Weltsozialprodukts entspricht. Dergestalt hat sich das Geschäft von der einfachen Kreditvergabe wegverlagert: Der Geldverleih ist nur noch der Mechanismus, um in den Besitz eines Schuldscheins zu kommen, der so schnell wie möglich weiterverkauft wird und auf dessen Basis neue Wertpapiere entstehen, die wiederum als Anlage dienen können.

Das ist der Grund dafür, dass eine Immobilienkrise in den USA das weltweite Finanzsystem mit dem Kollaps bedrohen konnte. Am Anfang steht ein Kredit, den irgendeine Bank einem Wohnungsbesitzer gewährt. Verkauft die Bank diese Hypothek weiter, kann es ihr egal sein, ob der Wohnungsbesitzer insolvent wird oder nicht.

Schöner noch: Die Bank kann auch für den Fall der Insolvenz eine Versicherung abschließen und diese ebenfalls verkaufen – bei der Erfindung von Finanzpapieren sind der Phantasie keine Grenzen gesetzt. Durch den Weiterverkauf erhält die Bank neues Geld, das sie wiederum als Kredit für eine neue Hypothek anbieten kann. Durch dieses Karussell steigen die Zahl der potentiellen Hausbesitzer, die Wohnungsnachfrage und die Immobilienpreise, so dass die alten Hypotheken durch neue abgelöst werden können. Das Ausmaß der Blase kann man sich vorstellen, wenn man weiß, dass drei Viertel der Hypotheken in den USA weiterverkauft worden sind. Aber so wie der Aktienkurs in letzter Instanz an die Unternehmensentwicklung, also die tatsächliche Mehrwertproduktion gebunden ist, gilt auch hier: Wird die Urschuld nicht beglichen, fällt das gesamte Gebäude irgendwann in sich zusammen. Die sichere Fluchtmöglichkeit des überschüssigen Kapitals in die Finanzsphäre erweist sich als genauso fiktiv wie die Anlage, in die investiert wurde.

So bizarr diese Mechanismen anmuten, so schwindelerregend die Summen sind, die in derartige Geschäfte investiert wurden: Jeder Skandalisierung der Finanzwelt als Reich der unverantwortlichen »Zocker« ist entgegenzuhalten, dass sie organisch aus dem System der Kapitalverwertung erwächst. Ohne Kreditwesen kein Kapitalismus. Im Kredit wird die Fähigkeit des Geldes, als Kapital zu fungieren und einen Profit abzuwerfen, zur Ware; in den Derivaten wiederum wird der Kredit zur Ware. In diesen Formen vollzieht sich eine Verselbständigung von der wertbildenden Produktion, der Ausbeutung der Lohnarbeiterinnen, an die sie zugleich in letzter Instanz immer gebunden bleiben. Sie machen den Gesamtprozess elastischer, aber sie können dies nur um den Preis seiner zunehmenden Instabilität: Je mehr er auf Kredit beruht, umso anfälliger wird er. Die zunehmende Finanzialisierung des Kapitals in den letzten Jahrzehnten wurde daher von einer Kette von Krisen begleitet – die Petro-Dollars aus den erdölexportierenden Ländern, die in den 1970er Jahren als Kredite nach Lateinamerika wanderten, wurden in der Schuldenkrise von 1982/83 verbrannt, weil die dortige kapitalistische Entwicklung weit hinter den Erwartungen zurückblieb; die riesigen Kapitalsummen, die in den 1990er Jahren in Aktien der bejubelten *New Economy* flossen, erwischte es im Dotcom-Crash 2001, weil die neuen Internetunternehmen kaum Profite machten; und nun zuletzt, mit ungeahnten Folgen, die Immobilienkrise in den USA. All diese Crashs gründen im Missverhältnis zwischen Geldmassen, die sich verwerten müssen, und rentablen Anlagemöglichkeiten, die diese Verwertung Realität werden lassen.

Die moralische Empörung über die Hasardeure der Finanzwelt und den sogenannten Neoliberalismus, der ihnen ihr Treiben erleichtert habe, ist unbegründet. Dem jüngsten Absturz des Bankgewerbes ging eine alles andere als neoliberale Politik der US-Zentralbank voraus, welche nach dem Dotcom-Crash 2001 zwecks Konjunkturankurbelung die Leitzinsen senkte. Ohne die dadurch begünstigte Kreditschwemme wäre die Weltökonomie schon Jahre vorher abgestürzt. Mit der Implosion des Kreditüberbaus tritt die harte Realität der Überakkumulation offen zutage: die mangelnde Profitabilität des Gesamtkapitals, das seine organische Zusammensetzung in historisch ungekannte Höhen geschraubt hat und immer wieder an die Schranken des Marktes stößt. Wie können die Qualen und

Gefahren einer tiefen Wirtschaftskrise vermieden werden, die jederzeit in eine veritable soziale Krise umschlagen kann, ohne auf die dringend notwendige Restrukturierung der Ausbeutungsbedingungen zu verzichten? Das ist die brennende Frage, vor der die herrschende Klasse heute steht.

6

Der Staat, auf den sich alle Blicke richten, gerät jedoch seinerseits umso tiefer in den Sog der Krise, je mehr er ihr Herr zu werden versucht. Die exorbitanten Summen, die im Herbst 2008 gleichsam über Nacht zur Stützung der Finanzwelt aufgebracht wurden, die Teilverstaatlichungen von Banken und Versicherungen gleich zu Beginn der Krise befestigen den Schein seiner Souveränität. Tatsächlich handelte es sich um alternativlose Verzweiflungstaten, die keineswegs zum Ziel hatten, die Reichen reicher zu machen oder auch nur ihren Reichtum zu bewahren, sondern den Kollaps des Systems abwenden sollten, jene »Kernschmelze des Finanzsystems«, die ein leitender Angestellter des IWF mit Grund als drohende Gefahr ausmachte. Immerhin dies ist den Staaten – bislang – gelungen: Die Kernschmelze ist ausgeblieben, eine gewisse Stabilisierung des Bankenbereichs hat eingesetzt. Doch nicht nur droht sich diese Beruhigung als eine allenfalls vorübergehende zu erweisen, der Stillstand des Weltfinanzsystems konnte nur um den Preis einer regelrechten Explosion der Staatsschulden verhindert werden.

Nichts verdeutlicht das Ausmaß der Krise jedoch besser als die Tatsache, dass es mit einigen Feuerwehraktionen zur Rettung von Banken bei weitem nicht mehr getan ist. Sobald die Krise auch die produktiven Sektoren erfasste, legten die großen Staaten Konjunkturprogramme auf und gingen zur Rettung von Unternehmen über. Den Anfang machte China noch im Herbst 2008, gefolgt von den USA, Deutschland und anderen Staaten. Zu großen Teilen waren die Konjunkturprogramme als klassisches *deficit spending* keynesianischer Herkunft angelegt. Für sie gilt, was den Keynesianismus schon immer auszeichnete: Garantiert ist nur der steile Anstieg der Staatsschulden, möglicherweise gefolgt von einer heftigen Inflation. Kurzfristig vermag der Staat auf diese Weise zwar den rapiden Einbruch der Nachfrage abzumildern, die Wurzeln der Wirtschaftskrise jedoch bleiben davon unberührt.

Die Unternehmensrettungen zementieren die Überakkumulation sogar, indem sie die natürliche Krisenlösung durch Kapitalvernichtung blockieren. In den herrschenden Klassen ist folglich ein Streit zwischen den letzten Liberalen und den neuen Staatsinterventionisten entbrannt, der Licht auf das zentrale Dilemma des Staates wirft: Lässt er dem Entwertungscrash freien Lauf, dann stürzt die Ökonomie ab, schießen die Arbeitslosenzahlen in die Höhe und es drohen soziale Unruhen. Will er den Crash hingegen abfedern, muss er allenthalben marode Unternehmen alimentieren, über die der Markt nicht von ungefähr sein Urteil längst gefällt hat. Es besteht nur die Wahl, dem destruktiven Wirken des Wertgesetzes zuzusehen oder es durch die Willkürentscheidungen der Regierung auszuhebeln, die hier ein Unternehmen vor dem Untergang bewahrt und dort ein anderes seinem Schicksal überlässt. Das Gefeilsche und Gekeife zwischen Landesfürsten, Unternehmern, Betriebsräten und selbst Belegschaften, die, von nackter Existenzangst getrieben, ebenfalls auf rettende Staatsgelder hoffen, gibt einen Vorgeschmack darauf, welche zentrifugalen Energien im Falle einer Verschärfung der Krise entfesselt werden könnten. Einmal mehr demonstriert die bürgerliche Gesellschaft ihre Bereitschaft, sich in rivalisierende Rackets aufzulösen und zum großen Hauen und Stechen überzugehen. Die Appelle an den Gemeinsinn werden umso schriller, je deutlicher sich abzeichnet, dass der Fortbestand des falschen Ganzen auf Seiten der Lohnabhängigen erhebliche Opfer fordern und die verallgemeinerte Konkurrenz verschärfen wird. Ungarn führt vor, wohin die Reise gehen könnte: Der heftige Absturz der Ökonomie, der von der eben noch als Ausweis einer gelungenen postsozialistischen Transformation gefeierten Mittelschicht wenig mehr übrig gelassen hat als bis über beide Ohren verschuldete Besitzer halbfertiger Eigenheime, ruft dort eine Bewegung faschistischer Kleinbürger auf den Plan, die gegen Juden, Roma und die vermeintlich vom Staat begünstigten Überflüssigen mobil macht.

Ein ähnliches Bild zeigt sich auf internationaler Ebene: Keine Spur von einem geschmeidigen postnationalen »Empire« oder dergleichen, stattdessen ordinäre Nationalstaaten mit konkurrierenden Interessen. Die vielen Wälzer über das Abdanken des Nationalstaats aufgrund der Globalisierung werden zu *Junk Bonds* des Linksakademismus entwertet. Um die Gefahr von Staatsbankrotten abzuwenden, die längst nicht mehr nur in den Hungerzonen der Welt in der Luft liegt, rauft sich die viel zitierte internationale Staatengemeinschaft zwar zu Notfalleinsätzen zusammen: Einige Staaten der Europäischen Union gerieten bereits zu Beginn der Krise ins Wanken und wurden auf eine Weise gerettet, die man bislang nur aus Lateinamerika, Afrika und Asien kannte: mit IWF-Krediten und entsprechenden Auflagen. Die EU-Mitglieder Griechenland, Ungarn und Lettland konnten einen Staatsbankrott nur durch Milliardenhilfen des IWF und der EU abwenden, auch Rumänien musste mit Milliardenbeträgen gestützt werden, die an die Auflagen geknüpft waren, die Löhne im öffentlichen Dienst einzufrieren und die Neuverschuldung zu begrenzen.

Zugleich aber wird bereits eine »Zerreißprobe« der Eurozone konstatiert. Aufgrund der gemeinsamen Währung können die 16 Staaten der Euro-Zone der Krise nicht durch Abwertung der eigenen Währung entgegensteuern, wodurch sich die Konkurrenz auf die Staatsanleihen verlagert. Die Kurse griechischer, irischer, italienischer und spanischer Staatsanleihen stürzen ab; um Abnehmer zu finden, muss der Staat die Zinsen für sie erhöhen. Daraus ergibt sich ein Teufelskreis: Je höher die Zinsen, die ein Staat zahlen muss, desto teurer wird die Finanzierung etwa von Konjunkturprogrammen, was wiederum die Krise verschärft, welche die erwähnten Staaten ohnehin am stärksten trifft. Um aus diesem Teufelskreis auszubrechen, haben die betroffenen Staaten eine gemeinsame europäische Staatsanleihe angeregt – und sind damit bei den Staaten, denen es noch besser ergeht, kurzerhand abgeblitzt.

Auch die ungemütliche Frage, welche Unternehmen ausradiert werden müssen, um die globale Verwertung wieder in Schwung zu bringen, verschärft die internationale Konkurrenz. Je eindringlicher die Staatsführer auf internationalen Konferenzen dem Protektionismus abschwören, umso mehr befördern sie ihn in der Praxis. Dass jeder Staat ein durchaus gespaltenes Verhältnis zum Freihandel einnimmt, die vermeintlich totale Entgrenzung des Weltmarktes daher in Wahrheit von zahllosen Klauseln, Zöllen und Subventionen konterkariert wird, ist der gewöhnliche Gang der Geschäfte. In der Krise gewinnt diese Konkurrenz allerdings erheblich an Dramatik, da es nicht mehr um ein Mehr oder Minder an Profit, sondern um das Überleben strategisch wichtiger Unternehmen und selbst ganzer Industriezweige auf den jeweiligen Staatsterritorien geht: Wird die europäische Halbleiterproduktion die Krise überleben oder machen die Asiaten das Rennen? Welche Autokonzerne müssen dran glauben, um die globale Autoindustrie zu sanieren? Der Fall Opel demonstriert die Gemengelage konkurrierender nationaler Interessen in bilderbuchreifer Weise: Zunächst ging es darum, das Unternehmen aus dem US-Mutterkonzern General Motors herauszulösen und eine »europäische Lösung« zu finden, wobei peinlichst darauf geachtet wurde, dass kein Cent deutscher Steuergelder nach Detroit fließt. Doch die »europäische Lösung« erwies sich bald als tückisch: Kaum lag ein Rettungsplan auf dem Tisch, machten Belgien und Großbritannien Bedenken geltend, dass sie gegenüber den deutschen Standorten ins Hintertreffen geraten könnten. Unterdessen wurde die Suche nach einem geeigneten Investor von der durchaus begründeten Sorge begleitet, dass der vermeintliche Retter in der Not dem Unternehmen erst Recht den Todesstoß versetzen könnte: Will Fiat vielleicht nur deutsche Staatsgelder einsacken, um die eigenen Werke auf Kosten der deutschen zu stärken? Könnte Magna nur die Absicht im Sinn haben, an fortgeschrittene Technologien zu gelangen und die Produktion an die Standorte seiner russischen Tochterfirmen zu verlagern?

Der neue Krisenkeynesianismus ist eine stramm nationale Unternehmung, deren Gefährlichkeit in ihrem Vermögen liegt, Lohnabhängige hinter den jeweiligen Staats- und Unternehmensinteressen zu sammeln. Die *Buy-American*-Klauseln des amerikanischen Konjunkturpakets fanden prompt ein positives Echo unter US-Gewerkschaften, die die heimische Industrie auf Kosten der ausländischen Konkurrenz zu retten suchen, die von der britischen Staatsspitze lancierte Losung *British Jobs for British Workers* wurde – zum Glück nicht unwidersprochen – in spontanen Streiks britischer Arbeiter aufgegriffen und die traditionell staatsnahen deutschen Gewerkschaften geraten ohnehin stets in Stimmung, wenn die Regierung die deutsche »soziale Marktwirtschaft« gegen den angelsächsischem »Raubtierkapitalismus« in Stellung bringt.

7

Die nationale Mobilisierung ist umso notwendiger, als der neue Etatismus nur in der linken Phantasie den Massen mehr »soziale Gerechtigkeit« bescheren wird. Etwas anderes als die fetischistische Vorstellung eines gerechten Interessenausgleichs zwischen Kapital und Arbeiterinnen verbarg sich hinter dieser Losung nie, doch in bestimmten historischen Phasen kam ihr die Erfahrung breiterer Schichten der Arbeiterklasse, an der Entwicklung des Kapitals teilzuhaben, entgegen: Der Arbeitstag wurde kürzer, die Löhne stiegen, die sozialstaatliche Absicherung gegen Existenzrisiken wurde ausgebaut. Wenn heute im amerikanischen Konjunkturpaket einige Milliarden Dollar für Gesundheitsversorgung, Qualifikationsmaßnahmen und Lebensmittelmarken vorgesehen sind oder in Deutschland erhebliche Summen für die Verlängerung des Kurzarbeitergeldes bereitgestellt werden, kündet dies nicht von einer Renaissance der klassisch sozialdemokratischen Integration der Arbeiterinnen, sondern es handelt sich schlicht um präventive Aufstandsbekämpfung, die im Übrigen zeigt, wie mulmig den staatlichen Generalbevollmächtigten des Gesamtkapitals angesichts dessen ist, was ihnen noch ins Haus stehen könnte. Nicht auszuschließen, dass die europäische Sozialdemokratie zur Rückgewinnung proletarischer Wähler die Wohlhabenden wieder etwas stärker zur Kasse bitten wird und Attac doch noch die Verwirklichung der Tobin-Tax wird feiern können. Etwas anderes wird jedoch das Bild bestimmen: Werksschließungen von Shenzen bis Detroit, Millionen neuer Arbeitsloser, Rettung angeschlagener Unternehmen durch Lohnsenkungen und unbezahlte Mehrarbeit sowie früher oder später ein knallharter Sparkurs, um die frischen Staatsschulden zu begleichen.

Die Linke wird das gesellschaftliche Verhängnis in dem Maße befestigen, wie sie meint, den Zug zum Etatismus in ihre Richtung lenken zu können. Gerade jetzt, wo die allgemeine Verunsicherung umstürzlerischen Absichten nicht den schlechtesten Nährboden bietet, wird jener Keynes, der einen »antimarxistischen Sozialismus« begründen und im Falle eines Klassenkrieges »auf der Seite der gebildeten Bourgeoisie« stehen wollte, zum Geistesverwandten von Marx verklärt, erwärmen sich geläuterte Autonome für »sozial-ökologische Investitionsprogramme« und wird auf linken Demonstrationen die »Vergesellschaftung der Banken« gefordert.

Der linke Keynesianismus will das Absatzproblem durch die »Stärkung der Massenkaufkraft« beheben. Er übersieht, dass der Widerspruch zwischen Produktion und Realisierung des Werts logisch unlösbar ist und praktisch stets zugunsten des unmittelbaren Profits entschieden wird: »Jeder Kapitalist [...] wünscht sich natürlich die Arbeiter der *anderen Kapitalisten* als möglichst große Konsumenten *seiner* Ware. Aber das Verhältnis *jedes* Kapitalisten zu *seinen* Arbeitern ist das *Verhältnis überhaupt von Kapital und Arbeit*, das wesentliche Verhältnis.« (Marx) Da die zunehmenden Krisentendenzen der letzten Jahrzehnte mit Stagnation und Rückgang der Reallöhne zusammenfallen, verleiht die Geschichte dem linken Keynesianismus einen Anschein von Plausibilität. Doch für den Nachkriegsboom gilt: Nicht weil die Löhne stiegen, lief die Akkumulation, sondern weil die Akkumulation lief, konnten die Löhne steigen. Wäre die »Stärkung der Massenkaufkraft« das Rezept für einen krisenfreien Kapitalismus, hätte es 1974/75 nicht zu einem schroffen Kriseneinbruch kommen dürfen, denn der Aufschwung der Klassenkämpfe ab 1967/68 hatte sich in spürbaren Lohnerhöhungen niedergeschlagen. Der linkskeynesianische Versuch, den Bossen höhere Löhne als etwas aufzuschwatzen, das in ihrem eigenen Interesse liege, läuft auf die Albernheit hinaus, das System der Ausbeutung durch Lohnerhöhungen wieder flott zu machen, was unmittelbar die Profitabilität beschneiden, zur Einschränkung der Produktion und damit auch zur Schwächung der Nachfrage führen würde. Die Linkskeynesianer meinen, was gut sei für die Arbeiter, sei auch gut für das Kapital, und so predigen sie im Namen einer nur in ihren Köpfen existierenden »gesamtwirtschaftlichen Vernunft« die Klassenversöhnung.

Keinen Deut besser sieht es mit der Forderung nach Verstaatlichung oder Vergesellschaftung von Unternehmen aus. Nicht nur bietet sie keine Perspektive der Emanzipation aus der Lohnsklaverei, selbst das Versprechen, den Proletarisierten die Härten der Krisenlösung ersparen zu können, ist durch nichts gedeckt. Der Unterschied zwischen Staats- und Privatunternehmen stellt sich im Klassenkampf als eine rein taktische Frage dar: Wenn Lohnabhängige im Staatssektor gegen Privatisierungen kämpfen, die in aller Regel Entlassungen, Arbeitsverdichtung und mehr Unsicherheit bedeuten, ist das etwas durchaus anderes, als die Übernahme von Unternehmen durch den Staat zu einer Befreiungs- oder auch nur Übergangsperspektive zu erklären, denn »anstelle des privaten Fabrikherrn und neben ihn tritt kein jenseits kapitalistischer Ausbeutungs- und Befehlsstrukturen tätiges, gemeinwirtschaftliches ›Wesen‹, sondern der staatliche Fabrikherr. [...] Ebenso wenig kann der Staat sein eigenes Kapital, seine Wirtschaftsunternehmungen als Mittel der Krisensteuerung einsetzen. Die Krise trifft auch die verstaatlichten Sektoren der Produktion [...] Derart bestätigt sich gerade in den Sektoren, in denen der Staat selbständige ökonomische Tätigkeit entfaltet, nicht die Unabhängigkeit der Politik, sondern die Vorherrschaft (und die Totalität) des Kapitalverhältnisses. Dies kommt vor allem in den Industriezweigen deutlich ans Licht, die in handgreiflicher Weise in der Marktkonkurrenz stehen, zum Beispiel in der Automobilindustrie.« (Johannes Agnoli) Auch in Staatseigentum überführt, müsste sich beispielsweise Opel im gnadenlosen Verdrängungswettbewerb des Weltmarktes behaupten. An die Stelle konkurrierender Privatkapitale träten konkurrierende Staatskapitale, und früher oder später würde irgendwer den Kürzeren ziehen – von dem zusätzlichen Schub, den die gegenwärtige Tendenz zum Nationalismus dadurch erfahren würde, ganz zu schweigen.

Es ändert wenig und dient meist nur dem Zweck, den Stallgeruch des Staatssozialismus loszuwerden, wenn statt Verstaatlichung Vergesellschaftung gefordert wird. Entweder handelt es sich – die Reklameindustrie lässt grüßen – nur um einen anderen Namen für die gleiche Sache, ergänzt um vage Forderungen nach »demokratischer Kontrolle« und »Wirtschaftsdemokratie«. Oder es sind Belegschaftsübernahmen gemeint, durch welche die Arbeiterinnen nur ihr eigener Kapitalist werden würden, der wie jeder andere auch in der Konkurrenz bestehen müsste. Tatsächlich liegt die Linke damit auf unheilvolle Weise im Trend der Zeit: In Amerika steigt die Automobilarbeitergewerkschaft UAW als Teilhaber bei Chrysler und GM ein, in Deutschland soll die Opel-Belegschaft künftig Unternehmensanteile halten. Die schwere Branchenkrise lässt es nicht zu, diesem neuen Arbeiterkapitalismus auch nur den Anschein von Verbesserungen für die Arbeiter zu geben: In allen drei Unternehmen sind Entlassungen und Verzichtsrunden geplant, die sich nun umso leichter durchsetzen lassen werden. Die Logik des Kapitals triumphiert unabhängig von diesen Eigentumsverhältnissen und macht dergestalt deutlich, dass Vergesellschaftung nur noch sinnvoll gedacht werden kann als Aufhebung der Warenproduktion. Umgekehrt verstärkt die Propagierung der linken Scheinalternativen nur den fetischistischen Schein der Naturhaftigkeit des Kapitalverhältnisses.

8

Die Losung *Wir zahlen nicht für eure Krise!* ist einerseits Ausdruck des Unwillens, weitere Opfer für die Sanierung des Kapitals zu bringen. Sie ist andererseits illusorisch, denn es gibt keine Krise des Kapitals, die nicht zugleich eine Krise der Lohnarbeit wäre. »Ihre« Krise ist immer »unsere«, weil »sie« und »wir« nicht auf verschiedenen Planeten leben, sondern Pole eines gesellschaftlichen Verhältnisses bilden. Die Losung verharmlost die Lage, indem sie die Krise unter der Hand auf eine reine Finanzkrise reduziert und so tut, als gehe es nur um die Frage, wer am Ende die Zeche zahlt: die »Zocker« oder »wir«.

Doch je länger die Krise andauert, umso offensichtlicher wird, dass es einen kapitalistischen Ausweg nur zulasten von Sozialleistungen und Löhnen geben kann, denn die Produktion für den Profit kann nur wieder in Gang gesetzt werden, wenn eine intensivere Auspressung von Mehrarbeit die Rentabilität des Gesamtkapitals wiederherstellt. Wollen die Ausgebeuteten die Krise »nicht bezahlen«, dann geschieht dies zulasten des Kapitals und impliziert eine Verschärfung der Krise. In dieser drohen daher die auf Gebrauchswert basierenden Interessen der Proleten und die auf Tauschwert basierenden Interessen des Kapitals unmittelbar auseinanderzuklaffen. Mehr noch, das reale Wunder der Ware, sowohl Gebrauchswert als auch Träger des Tauschwerts zu sein, worauf in krisenlosen Zeiten das Funktionieren der Märkte, die Akkumulation des Kapitals und die Reproduktion der Gesellschaft gründen, wird während der Krise zunehmend zum Albtraum: Aufgrund mangelnder Verwertungsmöglichkeiten lässt das Kapital Produktionsmittel sowie Arbeitskraft ungenutzt und der Mangel an Tauschwert in der Tasche der Proletarisierten erhebt sich als unüberwindbare Barriere zwischen ihren Bedürfnissen und den real existierenden Gebrauchswerten. Dass die Lebensbedingungen sich verschlechtern, nicht weil es gesellschaftlich zu wenig zu konsumieren gibt, sondern, umgekehrt, weil zu viel Reichtum in Warenform produziert wurde, um diesen Reichtum wieder als Kapital einsetzen zu können, ist eine reale Absurdität.

Nehmen wir zum Beispiel die Auswirkung der Krise auf den Immobiliensektor in den USA: Die massive Welle der Zwangsräumung von Häusern bedeutet, dass eine Wohnungsnot ohne Wohnungsmangel entsteht. Sowohl das Bedürfnis als auch die Mittel zur Befriedigung dieses Bedürfnisses sind vorhanden. Die Lebensbedingungen für etliche tausend Menschen haben sich dramatisch verschlechtert, nicht weil die Häuser im Nirwana verschwunden wären, sondern weil Kredite nicht bedient werden konnten, d.h. aufgrund der Regeln eines auf Geld basierenden wirtschaftlichen Systems. Hier wird die menschliche Irrationalität des Systems für jedermann ersichtlich.

Nehmen wir die Pensionsfonds erheblicher Teile der nordamerikanischen Lohnarbeiter: Sie haben zur Folge, dass Lohnabhängige unmittelbarer denn je an das Los des Kapitals gekettet sind. Je weniger der Staat die Reproduktion der gesamten Arbeiterklasse garantiert, umso abhängiger wird diese von neuen Formen privater Finanzierung. 1992 verwalteten solche Pensionsfonds fünf Billionen Dollar, heute sollen es 30 Billionen sein, was immerhin der Hälfte des Weltbruttosozialprodukts entspricht. Die Finanzkrise bedeutet nun für zahllose Lohnabhängige, dass ihre Ersparnisse für die Zukunft futsch sind. Aber nur auf der Basis des Privateigentums machen Ersparnisse und Verschuldungen überhaupt »Sinn« für die Aufteilung des zukünftigen gesellschaftlichen Reichtums. Vom Standpunkt des gesamtgesellschaftlichen Reichtums aus betrachtet, entpuppen sich diese Begriffe als ziemlich belanglos, es sei denn, es werden zu viel Lebensmittel für heute auf Kosten der für die spätere Produktion notwendigen Produktionsmitteln erzeugt oder umgekehrt. Ob als Gold, Euro-Münze oder Schuldpapier: Geld hat kaum eine unmittelbare Nützlichkeit (allenfalls als Zahnfüllung, Chip für Automaten oder schlechtes Klopapier), außer es wird gegen Güter getauscht. Und diese bereits produzierten Güter kann die Gesellschaft gewöhnlich nicht »sparen«, da sie meist verderblich sind. Werden sie heute nicht konsumiert, stehen sie auch in der Zukunft nicht mehr zum Konsum zur Verfügung, so dass sie nochmals produziert werden müssen. Eine Verschuldung kann es so gesamtgesellschaftlich betrachtet noch weniger geben, weil ein Produkt, das erst morgen produziert wird, nicht heute konsumiert werden kann. Mit anderen Worten: Es ist eine gesellschaftliche Perversität, wenn das Lebensniveau zukünftiger Pensionäre nicht vom in Zukunft produzierten Reichtum, sondern davon abhängt, was sie heute sparen und wie sie das Gesparte anlegen.

Nehmen wir Entlassungen und Kurzarbeit. Sie könnten für jeden und jede eine Gelegenheit sein, endlich über mehr freie Zeit zu verfügen, um seinen und ihren Bedürfnissen nachzugehen. Leider werden dabei auch, unter den heutigen gesellschaftlichen Verhältnissen, die Einkommen der »Begünstigten« entsprechend reduziert. Sie müssen auf irgendwelche Lebensmittel, Leinwand oder Kornbranntwein verzichten, nicht weil es weniger Lebensmittel, Leinwand oder Kornbranntwein gibt, sondern weil weniger Pkws oder »Finanzprodukte« verkauft werden konnten. Es ist eine verrückte Welt, in der ein Zuviel an Produktion in einem Zweig die Verringerung des gesellschaftlichen Konsums der Produkte anderer Zweige verursacht. Statt die geringere notwendige Arbeitszeit innerhalb der Gesellschaft umzuverteilen, so dass jeder weniger malochen muss und dennoch keinen Konsumverzicht zu leisten gezwungen wird, wächst die Verarmung, weil ein Überfluss an materiellen Gütern produziert wurde. Nun werden auch eigentlich benötigte Güter (Lebensmittel, Leinwand oder Kornbranntwein) weniger produziert, weil sie unverkäuflich werden. Das Kriterium für das Zurückfahren der Produktion liegt nicht im Bedarf der Menschheit, sondern in der Rentabilitätsberechnung der einzelnen Unternehmen.

Diese Absurdität drückt sich auch in dem Widerspruch aus, dass einerseits allerorten zu hören ist, die Krise sei da, weil »wir alle« irgendwie »über unsere Verhältnisse« gelebt hätten, und andererseits überall der Ruf erschallt, nur die »Stärkung der Nachfrage« könne aus der Krise helfen. Je mehr sich diese Absurdität entfaltet und in die Köpfe der Leute dringt, desto größer wird die Möglichkeit, dass Verzweiflung und Misstrauen an den vorhandenen Zuständen in die Vorstellung einer Gesellschaft umschlagen, die nicht auf Tausch und Konkurrenz, sondern auf bewussten gemeinsamen Entscheidungen über Produktion und Verteilung basiert.

9

An immer mehr Orten lehnen sich Lohnabhängige bereits gegen das Schicksal auf, das ihnen angesichts des großen Schlamassels blüht: mit Protesten in Island und Lettland gegen dramatische Lohnkürzungen im öffentlichen Dienst, mit *Bossnapping* und angedrohten Werkssprengungen in Frankreich, Streiks in England, breiten Protesten in Bulgarien (die allerdings recht konfus waren und selbst die Polizisten einschlossen), erfolgreichen

Kämpfen für Lohnsteigerungen und Preissenkungen auf Guadeloupe; in Südkorea wurden Fabriken besetzt, in der Textilindustrie in Bangladesch herrscht ein sozialer Krieg. Es gibt aber bislang keine Anzeichen dafür, dass sich aus diesen Auseinandersetzungen die Perspektive einer anderen Gesellschaft herausschält, und meist stehen die Kämpfenden mit dem Rücken zur Wand: Betriebsschließungen sind ebenso unausweichlich wie die Kürzung von Sozialausgaben, so dass die Lohnabhängigen bestenfalls der Krisenlösung einige Steine in den Weg rollen können, indem sie die Abwicklungskosten überflüssiger Werke in die Höhe treiben und die Sanierung des Staatshaushalts durchkreuzen.

Linksradikale beschwören oft ein magisches »Zusammenkommen« der unverbundenen spontanen Kämpfe und hoffen darauf, dass sich, wenn die Bambule erst einmal begonnen hat, alles weitere irgendwie von selbst ergeben wird. Doch wenn hier und da Steine fliegen und es Ärger mit der Staatsmacht gibt, ändert das zunächst nichts an der erdrückenden Perspektivlosigkeit. Militante Auseinandersetzungen unterbrechen den Alltag; das Räderwerk des Kapitals kommt zum Halt und es eröffnet sich die Möglichkeit, etwas Neues zu beginnen. Dass diese Chance ungenutzt bleibt, ist der völligen Abstraktheit geschuldet, die der Vorstellung der klassenlosen Gesellschaft heute anhaftet.

Darin liegt ein Unterschied zu der Zeit der Großen Depression nach 1929, der weitaus gravierender sein dürfte als die Frage, welche der beiden Krisen am Ende die tiefere sein wird. Für die Hauptströmungen der alten Arbeiterbewegung lag die Antwort auf alle Probleme klar zutage: Der »Anarchie des Marktes« und den aus ihr resultierenden Krisen wurde die geplante Ordnung des Arbeiterstaates entgegengesetzt. Tatsächlich konnte der russische Staatskapitalismus gerade in den 1930er Jahren große Popularität bis in vormals liberale Kreise verzeichnen, da die Brutalität der Stalinschen Knute imposante Entwicklungsfortschritte zeitigte, während im freien Westen die Produktion einbrach und die Schlangen vor den Arbeitsämtern länger und länger wurden. Diese grauenvolle Scheinalternative sind wir heute immerhin los, wenngleich, wie oben ausgeführt, der linke Staatsglaube vor dem Hintergrund der Krise neuen Auftrieb erhält. Auch für die radikalen Strömungen der alten Arbeiterbewegung, die nach einer kurzen Blütezeit bis in die frühen 1920er Jahre bei Anbruch der Krise fatalerweise weitgehend marginalisiert waren, lag die Antwort auf der Hand: In ausdrücklicher Ablehnung der staatskapitalistischen Scheinalternative sollten die Arbeiterräte es richten. Anstatt die Staatsmacht zu erobern, galt es, die Macht der Produzenten von unten gegen die herrschende Ordnung zu wenden. In der eingangs zitierten Schrift der I.W.W. von 1933 heißt es: »Die Betriebsorganisation, die Industrie-Union, die Klassenorganisation ist zugleich die Organisation der zukünftigen Gesellschaft. So bildet in den I.W.W. das Ziel und die Taktik eine Totalität. Ihr organisatorischer Aufbau ist bereits die Struktur der neuen Gesellschaft in der Schale der alten.« In diesen Sätzen fand der klassische Rätekommunismus einen Nachhall, der die Rätebewegungen um 1917 gedanklich verlängerte: Die Macht der Klasse schien durch ihre Stellung im unmittelbaren Produktionsprozess verbürgt, die klassenlose Gesellschaft konnte als Verlängerung der den Tageskampf führenden Organe gedacht werden, die Produktion in ihrer existierenden Gestalt bedurfte offenbar nur der Übernahme und Verwaltung durch die Produzenten.

Es scheint, dass dieser Faden zwischen Produktionsmacht und Umwälzung der Gesellschaft heute zerrissen ist und man sich begründetem Spott aussetzen würde, wollte man zur Gründung von Arbeiterräten aufrufen. Die Gesamtarbeiterin ist immer weniger in Großbetrieben konzentriert, die Arbeitskraft zerstreuter denn je und in eine globale Arbeitsteilung von historisch ungekannter Verwobenheit eingebaut. Ein riesiger Teil des Weltproletariats bleibt unterdessen gänzlich von der Produktion ausgeschlossen, und breitere Bewegungen bilden sich immer häufiger außerhalb der Betriebe als in ihnen. Auch lädt die spätkapitalistische Schrottproduktion immer weniger dazu ein, sich mit dem eigenen Tun dergestalt zu identifizieren, dass man es unter anderen Verhältnissen fortsetzen wollte: »Eine erfolgreiche Revolution würde heute mehr Betriebe abschaffen als unter ›Arbeiterkontrolle‹ stellen.« (Loren Goldner) Es stellt sich die Frage, ob die Losung »*Alle Macht den Räten*!«, die für das Gros der Radikalen um 1968 noch verbindlich blieb, unter diesen Bedingungen am Ende nur hilflose Nostalgie ist und die Räte 1956 in Ungarn oder 1979 im Iran vielleicht das letzte Aufblitzen einer Perspektive der Befreiung waren, deren Zeit inzwischen unwiderruflich abgelaufen ist.

Vermutlich lautet die Antwort: Ja und Nein. Ja, insofern die genannten historischen Veränderungen es tatsächlich fragwürdig erscheinen lassen, sich die Revolution als erfolgreiches Remake einer vor allem in den Produktionsstätten wurzelnden Rätebewegung vorzustellen, die sich nur der Bosse zu entledigen braucht und in den Fabriken bereits über die Grundlage der neuen Gesellschaft verfügt. Nein, insofern größere proletarische Erhebungen immer wieder räteähnliche Formen ausbilden, wie zuletzt die Rebellierenden in Griechenland demonstrierten, die sich öffentliche Gebäude aneigneten, um mit autonomen Versammlungen die Souveränität des Staates herauszufordern. Als Ort der horizontalen Kommunikation zwischen den Ausgebeuteten, die die Trennung in wirtschaftlichen und politischen Kampf zu überwinden suchen und die »Rücknahme des Staates in die Gesellschaft« (Marx) praktizieren, sind Räte bislang alternativlos. Ihre Akteure werden aber nicht dem hammerschwingenden Arbeiter aus dem Petrograder Sowjet ähneln, der mit roher Muskelkraft seine Ketten zerschlägt, sofern er überhaupt je mehr war als eine Ausgeburt propagandistischen Kitsches. Die globale Klasse der Proletarisierten besteht heute aus winzigen Kernen von High-Tech-Produzentinnen, nach wie vor auch klassischen Fabrikarbeitern, Massen von Dienstleistungssklaven und einer gigantischen Überschussbevölkerung; ihre Gemeinsamkeit ist mit anderen Worten auf das dürre Kriterium der Lohnabhängigkeit zusammengeschrumpft, ja überhaupt so fraglich geworden, dass manche Theoretiker inzwischen von subalternen Klassen im Plural sprechen. Was Rätemacht unter den Bedingungen dieser Zersplitterung bedeuten könnte, ob sie überhaupt noch an die Produktion gebunden wäre, steht in den Sternen.

Klar scheint allein, dass es kaum weiterhelfen wird, die Frage der Aufhebung kurzerhand beiseite zu schieben, über die Revolution und die befreite Gesellschaft ein Bilderverbot zu verhängen und spontane Kämpfe zu vergöttern, deren Ziel vollkommen unbestimmt bleibt.

Noch der zwingendste Nachweis, dass die herrschende Produktionsweise zum sicheren Schaden der Lohnabhängigen eingerichtet ist, bleibt bedeutungslos, solange diese Verhältnisse als die einzig denkbaren gelten, und noch die wildesten Streiks werden früher oder später wieder im Trott des Arbeitsalltags versanden, verbleibt die kommunistische Aneignung der Produktion im Reich der frommen Wünsche und Phrasen. Kurz: Auch die tiefste Krise wird dem Kapitalverhältnis nicht den Garaus machen, wenn seine Aufhebung nicht wieder in den Horizont des Möglichen rückt.

In den gesellschaftlichen Auseinandersetzungen, die in den nächsten Jahren rauer werden dürften, wird sich ein sozialrevolutionärer Pol nur in Abgrenzung zu allen linkspopulistischen Krisendiagnosen und Forderungen bilden können: Kein Fußbreit dem Neoliberalismusgejammer, den Staatsillusionen, dem Kaufkraft-Mantra; Schluss mit moralisierendem Eifern über raffgierige Manager und dem Ausspielen des produktiven Kapitals gegen das Finanzkapital; Nein zum linken Euro-Patriotismus und Antiamerikanismus. Diese Ideologiekritik kann durchaus praktisch werden: Die Eier, die den am Rednerpult fuchtelnden Oskar Lafontaine auf einer Krisendemonstration zu Frankfurt am Main trafen, waren ein bemerkenswerter Kontrast zu den Taktierereien einer Linken, die sich nur deshalb als außerparlamentarische bezeichnet, weil sie noch keinen Listenplatz bei der Linkspartei ergattern konnte. Doch nur wenn es einem solchen sozialrevolutionären Pol zugleich gelingt, die gegenwärtige Überakkumulationskrise als Ausdruck einer fundamentalen Verkehrung transparent zu machen – einer Produktionsweise, in der die wirkliche Reichtumsproduktion der Verwertung von Wert untergeordnet ist – und vor allem die Möglichkeit der Abschaffung dieses Zustands aus ihrer aktuellen Abstraktheit zu befreien, kann die Misere überwunden werden, die darin besteht, dass die Entwicklung des Kapitals den Widerspruch zwischen Gebrauchswert und Wert immer greifbarer macht, während seine praktische Schlichtung durch die Lohnabhängigen als abseitiger Gedanke erscheint. Max Horkheimer schrieb 1940: »Die Modalitäten der neuen Gesellschaft finden sich erst im Lauf der Veränderung. Die theoretische Konzeption, die nach ihren Vorkämpfern der neuen Gesellschaft den Weg weisen soll, das Rätesystem, stammt aus der Praxis. Es geht auf 1871, 1905 und andere Ereignisse zurück. Die Umwälzung hat eine Tradition, auf deren Fortsetzung die Theorie verwiesen ist.« (Horkheimer) Die klaffende Lücke der Aufhebungsperspektive kann nicht durch Blaupausen für die klassenlose Gesellschaft geschlossen werden, die eine Handvoll Radikale aus den Schubladen ziehen. Die neue Gesellschaft muss sich in der Praxis der Lohnabhängigen abzeichnen. Da die Sozialrevolutionäre meist selbst Lohnabhängige sind, wissen sie, wie verflucht schwer dies zu bewerkstelligen ist; wie bedeutungslos vor diesem Hintergrund die Aufforderung zur Abschaffung von Ware und Geld daherkommt – und welche Dringlichkeit daher die Zirkulation von Erfahrungen aus den Klassenauseinandersetzungen annimmt. Ihre Theorie ist andererseits mehr als passive Widerspiegelung der praktischen Bewegung, nämlich gedanklicher Vorgriff auf das noch nicht Existierende. In diesem Spannungsfeld irren die Sozialrevolutionäre umher, und soweit sie sich dessen bewusst sind und sich nicht blindlings auf die eine oder andere Seite des Gegensatzes schlagen, können sie vielleicht dazu beitragen, dass die sozialen Konflikte zu Klassenkämpfen eskalieren und die *Commune* in ihnen Gestalt annimmt.

UMRISSE DER WELTCOMMUNE

1
Nachdem die Möglichkeit einer anderen Welt lange Jahre fast nur noch in Botschaften aus dem lakandonischen Urwald oder von Leuten behauptet wurde, die darunter kaum mehr verstehen als die Einführung einer Finanzmarktsteuer, hat sich das Bild angesichts der schweren Weltmarktgewitter seit 2008 verändert. Entwürfe einer postkapitalistischen Gesellschaft entstehen seither zuhauf und schaffen es mit etwas Glück sogar auf die Bestsellerlisten. Auch Radikale denken wieder vermehrt darüber nach, wie es anders sein könnte. Allerdings gilt für alle derzeit diskutierten Alternativen, dass sie eher am Schreibtisch ausgebrütet als auf der Straße erfunden wurden. Von den Kämpfen der vergangenen Jahre – seien es der arabische Frühling, die Occupy-Bewegung oder das Aufbegehren gegen das neue Massenelend in Südeuropa – sind sie vor allem negativ geprägt. Weniger deshalb, weil diese Kämpfe auf ganzer Linie gescheitert sind. Weitgehend außerhalb der Produktion angesiedelt und auf die Realisierung »echter Demokratie« gepolt, haben sie die Frage nach einer anderen Gesellschaft nicht wirklich aufgeworfen.

Während etwa die Massenstreikdebatte in der II. Internationale und die Rätetheorie zwar kein bloßes Abbild realer Kämpfe, aber doch auf solche bezogen waren – »Der *Sowjet* war keine Entdeckung der Theorie« (Guy Debord) –, scheint sich heute alles Nachdenken über eine neue Gesellschaft in Utopismus zu erschöpfen, also genau in dem, was die mit Marx beginnende kritische Theorie immer abgelehnt hat, bis hin zum vielzitierten Bilderverbot der Frankfurter Spätmarxisten. Utopien galten ihr als Kopfgeburten und Anmaßung, sollte es doch Sache der sich befreienden Menschen sein, die neuen Formen ihres Zusammenlebens zu bestimmen. Gegen ausgepinselte Entwürfe, die dem Bestehenden abstrakt entgegengehalten wurden, machte sie zu Recht eine aus bestimmten Widersprüchen hervorgehende Entwicklung geltend: Nur die Proletarier selbst könnten sich im Zuge langwieriger Klassenkämpfe zum Aufbau einer neuen Gesellschaft befähigen. Kommunismus sollte kein Ideal, sondern die wirkliche Bewegung sein.

Der »wissenschaftliche Sozialismus« – der dem utopischen im Übrigen durchaus »geniale Gedankenkeime und Gedanken, die unter der phantastischen Hülle hervorbrechen«, zugestand (Engels) – nahm allerdings selbst ideologische Züge an, wo ihm der Sieg durch historische Gesetze verbürgt schien. Und dieser spätestens 1914 blamierte Geschichtsoptimismus liegt bis heute Theorien zugrunde, die unbeeindruckt von allen Katastrophen der Vergangenheit und Gegenwart entweder auf eine automatische Entfaltung der Kämpfe hoffen, durch die sich alles Weitere schon von selbst finden würde, oder die Produktivkraftentfaltung selbst zum Motor einer Geschichte erklären, die am Ende schon irgendwie gut ausgehen wird. Während die Anhänger des revolutionären Spontaneismus auf das Wachstum der Weltarbeiterklasse vertrauen, feiert das Phantasma einer von sich aus zur Befreiung treibenden Technikentwicklung heute seine Wiederauferstehung in digitalem Gewand.

Stellt man sich die Revolution dagegen nicht als das blaue Wunder vor, als etwas, das die Proletarier im Eifer des Gefechts beinahe aus Versehen machen, spontan und ohne jedes vorab gefasste Ziel, und delegiert man die menschliche Emanzipation erst recht nicht an die Maschinen, dann scheint eine Verständigung über die Grundzüge der klassenlosen Gesellschaft allemal sinnvoll. Dagegen bestehen diverse Einwände: Es gilt als verfrüht (»die Kämpfe sind noch nicht an dem Punkt«), als überflüssig (»die Leute werden es dann schon regeln«), anmaßend (»man darf das nicht vorgeben«) oder schlicht unmöglich (»man kann das gar nicht antizipieren«). Aber noch nie hat eine kontinuierliche Bewegung entschlossen gegen das Bestehende aufbegehrt, ohne wenigstens eine vage Ahnung davon zu haben, was an seine Stelle treten könnte. Die rein negative Kritik des Bestehenden, die manche Linksradikale beschwören, kann es gar nicht geben. Aus der Kritik des Privateigentums an den Produktionsmitteln etwa folgt zwingend das Ziel, mit »gemeinschaftlichen Produktionsmitteln« zu produzieren (Marx). Gerade weil man sich darunter alles Mögliche vorstellen kann – auch Zustände, die mit Freiheit und Glück wenig zu tun haben –, sollten Sozialrevolutionäre angeben, was sie wollen. Nicht, um mit Erlösungsformeln hausieren zu gehen, sondern als Beitrag zum notwendigen Streit darum, wie man die alte Welt hinter sich lassen kann. Dabei wäre die Commune nicht als das Ende aller Menschheitsprobleme zu entwerfen, sondern im Gegenteil der Tatsache Rechnung zu tragen, dass all das, was heute durch blinde Vermittlung, Herrschaft und Gewalt »gelöst« wird, der Menschheit überhaupt erst nach der vollzogenen Umwälzung der Produktionsverhältnisse als zu lösendes Problem erscheinen würde. In diesem Sinne verwahrte sich Walter Benjamin zurecht gegen den Vorwurf, den Kommunismus als »Menschheitslösung« zu verabsolutieren, und beschrieb ihn nüchtern als die Möglichkeit, durch »praktikable Erkenntnisse [...] die unfruchtbare Prätension auf Menschheitslösungen abzustellen und den Versuch zumindest zu unternehmen, den Lebenstag der Menschheit ebenso locker aufzubauen, wie ein gutausgeschlafener, vernünftiger Mensch seinen Tag antritt.«

2

Viele aktuelle Entwürfe einer nachkapitalistischen Gesellschaft frieren die soziale Phantasie auf dem Niveau des Jahres 1875 ein, als zwar schon ein paar Eisenbahnen durch die Welt tuckerten und die Arbeiterbewegung in Europa eine gewisse Stärke erreicht hatte, die Produktivkräfte aus heutiger Sicht aber noch zwergenhaft waren und im Gros der Welt die moderne Klasse der Lohnabhängigen praktisch nicht existierte; selbst Europa war weitgehend von Bauern bevölkert, Analphabetismus verbreitet. Dass Marx damals in seiner *Kritik des Gothaer Programms* den Kommunismus in zwei Phasen unterteilte, in deren erster die geleisteten Arbeitsstunden den Anteil des Einzelnen am gesellschaftlichen Reichtum bestimmen sollten, während das Prinzip »Jeder nach seinen Fähigkeiten, jedem nach seinen Bedürfnissen« ebenso wie das Ende des Staates der zweiten, von viel weiter entwickelten Produktivkräften gekennzeichneten, vorbehalten blieb, mag man angesichts dessen für nachvollziehbar halten oder auch nicht; dass eine »erste Phase« auch heute noch notwendig und erstrebenswert sein soll, wäre angesichts der gewaltigen Veränderungen seit 1875 jedoch zu überprüfen. Am Prinzip der Verteilung nach Arbeitsstunden halten nicht nur die Waisen des Sowjetmarxismus hartnäckig fest, sondern auch viele antiautoritäre Linke. Und selbst in betont modernen Szenarien, in denen Räte schick als *Hubs* firmieren, wird jeder Kommunardin selbstverständlich ein »Arbeitszeitkonto« verpasst.

Als bloße Fortsetzung der Lohnarbeit mit anderen Mitteln lässt sich das Modell nicht abtun: Das Privateigentum an Produktionsmitteln soll gesellschaftlicher Planung weichen, die Arbeitskraft keine Ware mehr sein, deren Verkauf zufällig und unter Bedingungen der Konkurrenz stattfindet. Auch soll strikte Gleichheit herrschen: Jede Arbeitsstunde zählt gleich viel, die der Hirnchirurgin nicht mehr als die des Maurers. Mit den »Muttermalen der alten Gesellschaft« ist die erste Phase des Kommunismus allerdings insofern behaftet, als die Verteilung dem Prinzip des Äquivalententauschs folgt: Jeder Arbeiter »erhält von der Gesellschaft einen Schein, dass er soundso viel Arbeit geliefert (nach Abzug seiner Arbeit für die gemeinschaftlichen Fonds), und zieht mit diesem Schein aus dem gesellschaftlichen Vorrat von Konsumtionsmitteln soviel heraus, als gleich viel Arbeit kostet.« (Marx) Der Äquivalententausch, im Kapitalismus letztlich eine Farce, wird sozialistisch wahrgemacht. Zwar bekommt nicht jeder genau das, was er beigetragen hat – ein Teil des Gesamtprodukts muss in neue Produktionsmittel, allgemeine gesellschaftliche Aufgaben und die Versorgung von Alten, Kindern und Kranken fließen –, aber die Ausbeutung hat ein Ende. Auf diesem Stand verharren heute auch die ausgetüfteltsten Modelle für einen »Sozialismus aus dem Rechner«.

Prinzipiell ließe sich einwenden, dass dort, wo Äquivalententausch herrscht, von Kommunismus keine Rede sein kann. Peter Kropotkin wies die Vorstellung, dass »alles, was der Produktion dient, Gemeineigentum werde, dass aber trotzdem individuell mit Arbeitsgutscheinen entlohnt werde«, schon 1896 als »Kompromiss zwischen Kommunismus und individueller Lohnzahlung« zurück. Marx hat das Unvollkommene dieses Zustands nicht bestritten, den er aber für zunächst »unvermeidbar« hielt, und immerhin für eine unbestimmte Zukunft eine dem engen Horizont des Tauschs entflohene Gesellschaft anvisiert. Ist das Festhalten an einem solchen Zweiphasenmodell heute, wo die »Springquellen des genossenschaftlichen Reichtums« nach einer Revolution ungleich voller fließen würden, wo immer weniger Kleinbauern und immer mehr Arbeitslose mit Universitätsdiplom das Bild bestimmen, nicht anachronistisch? Das wäre die grundsätzliche Frage.

Immerhin scheinen die Szenarien eines Zwischenstadiums einen gewissen Realismus auf ihrer Seite zu haben. Anstatt eine vollendete gesellschaftliche Harmonie ab dem ersten Tag der Umwälzung zu unterstellen, gehen sie von den Menschen aus, wie sie heute eben sind, also im Zweifelsfall egoistisch: Sie nehmen zu viel und geben zu wenig. Der scheinbare Realismus des Modells fällt jedoch in sich zusammen, sobald man es zu Ende denkt. Natürlich bedarf die planvolle Produktion in der Commune grober Vorstellungen darüber, wie viel Arbeitsaufwand etwas erfordert: Um zum Beispiel einen Wohnblock zu errichten, braucht es eine bestimmte Zahl von Leuten, die eine bestimmte Zahl von Monaten daran arbeitet. Die Koppelung von individueller Konsumtion an geleistete Arbeitsstunden unterstellt aber darüber hinaus die Möglichkeit, exakt zu beziffern, wie viel Arbeitszeit in jedem einzelnen Produkt steckt. Auch bei penibelster Buchführung, die ihrerseits einen aberwitzigen Aufwand erfordern würde, ließe sich bereits bei einem vergleichsweise schlichten Produkt wie der Schrippe nur sehr schwer die darin vergegenständlichte Arbeitszeit ausrechnen, denn dazu müsste man nicht nur wissen, wie viele Stunden Arbeit der Backofen gekostet hat – der seinerseits eine lange Kette an Vorprodukten erfordert –, sondern auch, wie viele Jahre er in Gebrauch sein wird und wie viele Schrippen ihn in diesem Zeitraum verlassen werden. Je mehr zudem allgemeine Voraussetzungen wie etwa Transportmittel in ein Produkt einfließen, umso schwieriger wird das Unterfangen. Spätestens mit Einbezug der zunehmenden Verwissenschaftlichung der Produktion scheint es schlicht aussichtslos zu werden: Mit wie vielen Sekunden schlägt die Programmierung von Software zu Buche, die gleich an mehreren Stellen der Produktionskette zum Einsatz gekommen ist, welchen Stellenwert muss man dem in die Gesamtheit der Produktionsprozesse eingegangenen gesellschaftlichen Wissen zubilligen? Was bei der kleinbürgerlichen Idee der Tauschringe noch aufgehen mag – A mäht B eine Stunde lang den Rasen, B wäscht A eine Stunde lang den Polo –, stellt sich auf dem Niveau einer arbeitsteilig-hochtechnisierten gesellschaftlichen Produktion als Ding der Unmöglichkeit heraus; jeder entsprechende Versuch müsste ein engmaschiges Netz der Zeiterfassung und -kalkulation über die Gesellschaft legen und würde dennoch scheitern. Ein solcher Kommunismus wäre nie mehr als eine schlechte Imitation des kapitalistischen Marktes, auf dem sich das Gesetz der Arbeitszeit blind und regellos durchsetzt.

Das Modell setzt außerdem eine scharfe Trennung zwischen Arbeit und Nichtarbeit voraus, die nicht nur wenig attraktiv erscheint, sondern wiederum eine administrative Regelung dessen erfordern würde, was sich heute blind durchsetzt: Als Arbeit gilt, was entlohnt wird, und entlohnt wird, was Profit verspricht oder vom Staat als notwendig betrachtet wird. In ihrer »ersten Phase« müsste die Commune zwecks korrekter Zeiterfassung alles gesellschaftliche Tun also feinsäuberlich zwei Bereichen zuordnen, was allerhand Willkür mit sich bringen würde. Bierbrauen und Biertrinken lassen sich noch recht einfach als Arbeit und Vergnügen voneinander unterscheiden, schon bei geistigen Tätigkeiten würde es schwierig und spätestens im traditionell Frauen zugewiesenen Reproduktionsbereich, der ja nicht von ungefähr endlose Debatten über den Arbeitsbegriff ausgelöst hat, käme man in Teufels Küche. Bekäme jeder, der eine Stunde lang auf ein Kind aufpasst, dies auf seinem »Arbeitszeitkonto« gutgeschrieben, oder nur derjenige, der regelmäßig eine größere Schar von Blagen beaufsichtigt? Und wie erstrebenswert ist es überhaupt, das Leben in solche Kategorien zu zergliedern? Der von der bürgerlichen Gesellschaft geerbte Sozialcharakter, der dabei unterstellt wird, müsste zudem zu allerhand Schummeleien bei der Arbeitszeitrechnung neigen, was die Notwendigkeit sozialer Kontrolle zur Folge hätte, auch wenn die Verfechter solcher Szenarien dies ungern betonen; ein Apparat, der die Leistung aller Einzelnen überwacht, wäre unverzichtbar. Auch wenn »Arbeitszeitkonten« nicht dasselbe sind wie das Lohnsystem, stünde im Hintergrund weiter der Zwang. Und dieser Zwang steht dem erklärten Ziel einer Bewusstseinsveränderung entgegen, von der zwar nicht unbedingt im Moment der Revolution auszugehen wäre, an der sich jedoch von vornherein alle sozialrevolutionäre Tätigkeit auszurichten hätte.

Während die vermeintlich realistischen Entwürfe einer »ersten Phase« des Sozialismus sich in dem Widerspruch bewegen, einerseits zur freien Assoziation drängende Menschen vorauszusetzen, die andererseits vom alten Krämergeist beseelt sind und alle anderen zu übervorteilen suchen, hätte die soziale Revolution, wenn sie die Chance auf ein freies Gemeinwesen nicht erneut verspielen will, von Beginn an von ihren eigenen neuen Prinzipien auszugehen: von der Freiwilligkeit der Arbeit und deren weitestmöglicher Umwandlung in *travail attractif*, von der allgemeinen Kostenlosigkeit und der Rücknahme des Staates in die Gesellschaft. Die Idee einer »ersten Phase« des Kommunismus zählt von daher nicht zu Marx' bleibenden Gedanken, sondern war buchstäblich aus der Not geboren. Den Gedanken einer noch auf bürgerlichen Prinzipien fußenden Übergangsgesellschaft abzulehnen, heißt jedoch nicht, von einer Commune zu träumen, die über Nacht wie aus dem Ei gepellt dasteht. Selbstverständlich wäre die Umwälzung ein langwieriger Prozess, gekennzeichnet durch viele Widrigkeiten und Rückschläge. Anstatt ein durch die Autorität von Marx verbürgtes Modell aus dem vorletzten Jahrhundert weiterzuspinnen, sollten Sozialrevolutionäre aber besser die heutigen Ausgangsbedingungen einer Umwälzung vermessen, nicht zuletzt die Entwicklung der gesellschaftlichen Produktivkräfte.

3

Traditionell geht die Kritik der bestehenden Verhältnisse in kommunistischer Absicht davon aus, dass die zu Maschinerie verdinglichten technischen Produktivkräfte, die der Kapitalismus auf den Plan hat treten lassen, durch eine Umwälzung der Produktionsverhältnisse lediglich aus der Klammer des Privateigentums gelöst werden müssten, um so endlich in den Dienst einer selbstbewussten Menschheit treten zu können. Allerdings hatten Marx und Engels bereits in den 1840er Jahren bemerkt, dass innerhalb der kapitalgetriebenen Produktivkraftentwicklung eine Stufe eintritt, »auf welcher Produktionskräfte und Verkehrsmittel hervorgerufen werden, welche unter den bestehenden Verhältnissen nur Unheil anrichten, welche keine Produktionskräfte mehr sind, sondern Destruktionskräfte« (Marx/Engels). So wie Herbert Marcuse notierte, dass bestimmte »Zwecke und Interessen der Herrschaft (…) nicht erst ›nachträglich‹ und von außen der Technik oktroyiert« werden, sondern »schon in die Konstruktion des technischen Apparats selbst« eingehen, kritisierte auch der Operaist RanierEo Panzieri die existierende Technologie im Rückgriff auf Marx als Mittel zur Unterwerfung der lebendigen Arbeit unter das Kommando des Kapitals. Der Zweck der Mehrwertproduktion ist der Maschinerie nicht äußerlich, sondern durchformt sie und den gesamten Arbeitsprozess.

An diese Gedanken gilt es anzuschließen: Auf der einen Seite begründet erst die »automatische Fabrik [...] *potentiell* die Herrschaft der assoziierten Produzenten über den Arbeitsprozess« (Panzieri), stellt also die Bedingung der Möglichkeit für eine befreite Gesellschaft ohne Mangel dar. Auf der anderen Seite ist im modernen Fabriksystem »der Automat selbst das Subjekt, und die Arbeiter sind nur als bewußte Organe seinen bewußtlosen Organen beigeordnet und mit denselben der zentralen Bewegungskraft untergeordnet« (Marx). Die kapitalistische Anwendung der Maschinerie erscheint so nicht als bloße Verzerrung oder Abweichung von einer »objektiven«, in sich rationalen Entwicklung, sondern sie bestimmt Gang und Richtung des technischen Fortschritts. Das gilt für Zeiten, in denen die Schornsteine noch qualmten und die Maschinerie Muskelkraft ersetzten, genauso wie für das Zeitalter der Bits und Mikrochips, in dem nun Programmcode die geistigen Potenzen der Arbeiter ersetzen soll. Unter den bestehenden Bedingungen fungieren digitale Technologie und analoge Maschinerie gleichermaßen als Mittel im Klassenkampf von oben: Ihr Zweck ist nicht die Verbesserung der Lebensumstände, sondern die möglichst effiziente Ausbeutung menschlicher Arbeitskraft. Konkret bestimmen sie den Arbeitstakt und die Betriebsorganisation, sie sorgen für die Herstellung von Konformität der Beschäftigten, dienen der Zerstörung des zwischenmenschlichen Kontakts. Indem sie das tayloristische Programm eines extrem zerlegten Arbeitsablaufs in allen Bereichen der Produktion durchsetzt, trägt Technisierung in erheblichem Maß zur Entwertung der Ware Arbeitskraft und folglich zur Schwächung der Arbeitermacht bei. Neben dieser Schwächung auf dem Arbeitsmarkt beschert sie den betroffenen Lohnabhängigen heute eine Vollendung der »Despotie der Fabrik«, wie Marx sie beschrieb, da sie noch stärker zum reinen Anhängsel der – nunmehr »intelligenten« und vernetzten – Maschinerie degradiert werden. Angetrieben durch prozess-optimierende Software erleben sie vor allem Leere, Stress, Überarbeitung und werden auch noch des kleinsten Freiraums und mitunter jeglichen Produktionswissens beraubt.

Wo computeraffine Linke »Keimformen« einer neuen Produktionsweise entdecken, die sich bereits heute in der Industrie 4.0 beobachten lassen, vollzieht sich also vor allem ein Triumph des Kapitals über die Arbeit. Die Idee, dass neue, digitale »Handlungsmöglichkeiten die Verfügung der Arbeitenden über die Bedingungen ihrer Tätigkeiten« erweitern (Stefan Meretz), muss in den Ohren jeder Amazon-Arbeiterin wie ein böser Scherz klingen. Diesen Umstand, wie auch die Tatsache, dass beim gegenwärtigen Stand der Destruktivkraftentwicklung im Grunde eine Handvoll entschlossener Kapitalisten genügen würde, um den Status quo zu erhalten, auch wenn die Welt dabei zugrunde ginge, registrieren insbesondere jene Strömungen der aktuellen Kritik, die die gesamte Entwicklung als einen *technologischen Angriff* der Eliten auf soziale Bewegungen und angeblich aufsässige Unterschichten deuten. Mag eine Schwäche derartiger Theoriebildung auch darin bestehen, dass sie nicht systematisch den kapitalistischen Gang der Dinge für die aktuellen Formen der technischen Entwicklung verantwortlich macht, sondern eine abzählbare Gruppe von Mächtigen, deren souveräne Handlungsfähigkeit überschätzt wird, auch wenn es sie und ihre Strategien zweifellos gibt, so deutet sie eine *Funktion* (digitaler) Technologie heute doch treffend. Die Konsequenz ist allerdings ein vorwiegend defensives, auf Sabotage und Zerstörung zielendes Programm, in dem die Potenziale neuer Technologien für eine kommunistische Gesellschaft kaum berücksichtigt werden.

Dass eine revolutionäre Umwälzung der bestehenden Verhältnisse hier und da auch organisierte Maschinenstürmerei bedeuten würde, ergibt sich notwendig aus der Tatsache, dass nicht alle aktuell verfügbare Technik einem vernünftigen Zweck zugeführt werden kann. Allerdings sind es erst und nur die im Kapitalismus entwickelten Produktivkräfte, die eine bewusst gestaltete Produktionsweise überhaupt denkbar machen. Zweifellos beinhaltet der Reichtum der gegenwärtigen Gesellschaft vieles, für das eine befreite keine Verwendung mehr hätte, und bestimmte Formen der Arbeitsorganisation, Energiegewinnung und Nahrungsmittelproduktion müssten ebenso abgeschafft werden wie Technologien, die einzig der Überwachung, Kontrolle und Gängelung menschlicher Arbeitskraft und Bewegungsfreiheit dienen. Zu unterscheiden wäre allerdings zwischen technischen Elementen der gegenwärtigen Maschinerie einerseits und der Zusammensetzung, in der sie dem Zweck der Mehrwertproduktion gemäß erscheinen, andererseits. Die Maschinerie, wie sie heute dasteht, ist mehr als die Summe ihrer Einzelteile. Zahnräder, Rollen und Bänder machen noch kein Fließband aus. Denn auch wenn der wissenschaftliche Fortschritt und die technischen Erfindungen der Moderne durchweg den Zwecken der Profitmaximierung untergeordnet sind, stehen für die Befreiung andere Formen von Wissen, Technik und Maschinerie zunächst nicht oder jedenfalls nicht in ausreichendem Maß zur Verfügung. Es erscheint von daher ideologisch, zu behaupten, mit dem Maschinenpark und der Wissenschaft, wie sie der Kapitalismus hinterlässt, wäre nach der Revolution nichts, aber auch gar nichts mehr anzufangen.

Die Crux besteht also darin, dass die Folgen der Produktivkraftentwicklung für die Lohnarbeitenden heute und ihr möglicher Nutzen für die Commune auseinandertreten. Das gilt auch und gerade für die aktuellen Entwicklungen, die bei allem Misstrauen gegenüber dem aufgeblasenen Manager-Sprech von »Disruption« und »Industrie 4.0« tatsächlich als tiefgreifender Umbruch zu werten sind. So wenig sich nämlich Rad und Riemen naturwüchsig zum industriellen Fließband formen, so wenig dient der im Mikrochip integrierte Schaltkreis *per se* der Überwachung Lohnabhängiger. Ein Headset, eine Kamera und ein Programmcode in Java sind als Einzeltechniken noch keine Überwachungssoftware in der Logistik, und nicht umsonst haben sich sozialistische Hoffnungen an die aufkommende Digitalisierung geknüpft. In der – oft fetischisierten – Figur des Hackers beispielsweise verkörpern sich qualitativ neue Möglichkeiten der Sabotage, wilden Einflussnahme und Zweckentfremdung von Herrschaftstechnologien. Bestimmte Waren (Betriebssysteme, Software, Musik, Texte und so weiter) lassen sich unter digitalen Bedingungen ohne größeren Aufwand und verlustfrei vervielfältigen, wodurch sie tendenziell die Warenform sprengen. Dadurch sind neue, nicht proprietäre Formen der Distribution und Zusammenarbeit denkbar geworden. Und auch das Internet nährte seiner vorwiegend militärischen Herkunft zum Trotz schon früh Ideen eines Cybersozialismus, der Bedürfnisse weltweit und in Echtzeit zu erheben in der Lage wäre und die Produktion entsprechend gestalten könnte.

Unter dem Label *internet of things*, das nicht mehr bedeutet, als dass unterschiedliche Geräte (*things*) mit dem Internet verbunden sind und nach vorgegebenen Kriterien reagieren können, weitet sich dieses Potenzial zunehmend auf die Sphäre der gegenständlichen Produkte aus. Dabei geht es nicht allein um »intelligente« Kühlschränke oder kybernetische Wohneinheiten, die – in den Debatten oft überbetonte – Konsumentenseite also, sondern um den durch vernetzte Maschinen eingeleiteten Umbruch in Produktion, Wartung und Transport. Hier werden immense Einsparpotenziale durch automatisch überwachte und bedarfsgerechte Wartungszyklen freigesetzt. Das Prinzip der Just-in-Time-Produktion kann wesentlich effizienter umgesetzt werden, als es Lagerarbeiter leisten könnten – ganz einfach deshalb, weil die Lager unter Umgehung der menschlichen Vermittlung direkt mit den Zulieferbetrieben kommunizieren können. Lagerroboter nehmen das Bestellte in Empfang, sortieren es ein und registrieren den Eingang auch direkt. Einmal in Betrieb genommen, ersetzen solche vollautomatischen Rückkopplungsschleifen eine beträchtliche Anzahl von Arbeitern, denn sie müssen ja nur noch gewartet werden. Was sich unter den bestehenden Bedingungen, wo potenzielle Muße und freie Zeit sich als Arbeitslosigkeit manifestieren, tatsächlich als technologischer Angriff auf die Arbeitermacht darstellt, ist also auch der Vorschein einer Welt, die körperliche Arbeit in nie gesehenem Ausmaß überflüssig macht. Digitalisierung von Arbeits- und Distributionsprozessen ist deshalb ein im Grunde zu begrüßender Schritt in Richtung einer tatsächlichen Aufhebung der Arbeit und einer funktionierenden Planwirtschaft. Auch wenn sie einzig der intensiveren Ausbeutung von menschlicher Arbeitskraft dient, wäre es Technikfetischismus, wenn man den technischen Fortschritt selbst für die Unbill der momentanen Situation verantwortlich machen würde: Man sieht in der Technik jene Kräfte am Werk, die sozialen Ursprungs sind.

Wie jede neu verwirklichte Produktivkraft weist auch die »digitale Revolution« in bestimmten Momenten über das Bestehende hinaus und gerät in Konflikt mit den gegebenen Produktions- und Eigentumsverhältnissen. Das Kapital hat darauf mit »Innovationen« reagiert, die das Potenzial einer nach wie vor stetig steigenden Rechnerleistung im Grunde beschneiden. Was die Entwicklung von Software betrifft, ist ein nicht unbeträchtlicher Teil der Forschung seit Jahren schon damit beschäftigt, die Warenform doch wieder in der Sphäre des Digitalen durchzusetzen. Und handelsübliche Computer sind längst nicht mehr »Universalmaschinen«, sondern werden durch Interfaces und Programme in ihren Möglichkeiten begrenzt, um endlich nur noch als Endbahnhöfe eines digitalisierten Kapitalismus zu fungieren. Begründet wird dies mit der »Benutzerfreundlichkeit« des Computers; wer heute einen Computer außerhalb der Forschung, Entwicklung und Produktion benutzt, *soll* nicht mehr verstehen, was in dem Gerät vor sich geht, sondern abhängig von digitalen Dienstleistungen sein. Die Entwicklung des Computers – und das ist charakteristisch für die Produktivkraftentwicklung innerhalb des Kapitalismus – zeichnet sich so insgesamt dadurch aus, dass sie gesamtgesellschaftlich keine den Produktivkräften angemessenen Fertigkeiten im Umgang mit ihnen ausgebildet, sondern eine umfassende Benutzbarkeit bei weitgehendem digitalen Analphabetismus ermöglicht hat. Technologischer Fortschritt ist hier zu sozialem Rückschritt geworden, was sich nicht zuletzt daran zeigt, dass der kulturpessimistische Verdacht, immer schlauere Telefone brächten immer dümmere Menschen mit sich, wohl nicht ganz von der Hand zu weisen ist.

Eine aufhebende Bewegung hätte darauf weder mit einer – nunmehr sozialistisch verfassten – Massenproduktion von Computern und smarten Objekten, wie sie heute sind, zu reagieren, noch mit einer blindwütigen Zerstörung der Technologien, sondern müsste auf die Verwirklichung ihrer Potenziale hinarbeiten. Das bedeutet einerseits, das notwendige Wissen im Umgang mit der verfügbaren Technologie gesellschaftlich zu verteilen, und andererseits jene Elemente der Maschinerie zu identifizieren und unschädlich zu machen, die einzig dem Zweck der Mehrwertproduktion dienen. Es geht also nicht allein darum, den Eigentumstitel aufzuheben, sondern darum, die gesellschaftliche Kontrolle über die Technik (zurück) zu gewinnen, was eben auch eine tiefgreifende, an den Bedürfnissen der Menschen ausgerichtete Transformation der existierenden Maschinerie bedeuten würde.

4

Mangel ist heute keine Folge zu geringer Mittel der Reichtumsproduktion mehr, sondern geht einzig auf das Konto der bestehenden Eigentumsordnung. Der Gedanke einer sozialistischen Leistungsmessung erscheint vor diesem Hintergrund umso fragwürdiger. Selbstverständlich kann es trotz der immensen Produktivität, die sich die Commune aneignen wird, immer wieder zu Engpässen kommen. Diese lassen sich allerdings durch keinerlei »Arbeitszeitkonto« beseitigen. Ein derartiges Kontrollsystem würde vielmehr unnötig Energien binden und die notwendige Bewusstseinsveränderung hin zum »Verein freier Menschen« und zum »gesellschaftlichen Individuum« behindern. Von dieser Bewusstseinsveränderung allerdings dürfte der Erfolg der kommunistischen Revolution letztlich abhängen. Denn zu den Produktivkräften, die ihr Potenzial erst in einer befreiten Gesellschaft voll entfalten könnten, gehören auch die Menschen selbst. Anzuknüpfen wäre hier an den alten von Fourier bis Marcuse vertretenen Gedanken, nach dem »Leidenschaft« in einer befreiten Gesellschaft zwanglos produktiv werden könne.

Laut diverser soziologischer Studien steht heute an erster Stelle der Bedürfnisse von Beschäftigten in den wirtschaftlich und technisch entwickelten Regionen der Welt, dass ihre Arbeit interessant, sinnvoll und verantwortungsvoll sein soll. Dass der Kapitalismus dieses Bedürfnis nicht zu stillen vermag, hat zuletzt David Graeber am Phänomen der *Bullshit Jobs* gezeigt – Jobs, die so hirnrissig sind, dass ihre Ausübung jeden halbwegs zurechnungsfähigen Menschen nicht mit Befriedigung oder sogar Stolz, sondern mit Scham erfüllt. In der Commune würden sie entfallen. Anderes würde automatisiert. Was bleibt, wäre soweit wie möglich in *travail attractif* zu verwandeln; in Arbeit, die nicht unter dem Kommando eines Chefs, sondern in freier Kooperation mit anderen stattfindet, die nicht nur auf maximalen Output zielt, sondern »die Sinne, Fähigkeiten und Reflexionsvermögen« (Meinhard Creydt) der Produzierenden bildet. Durch Rotation und entsprechend kurze Ausübung schließlich könnten selbst dröge Tätigkeiten annehmbar werden.

Natürlich kann Stahlproduktion nicht umstandslos zu Spiel werden, aber auch dort herrscht dank Automatisierungsschüben schon heute bei schrumpfenden Belegschaften weltweite Überproduktion. »Leidenschaft« würde sich aber weniger in der notwendigen Überwachung weitgehend automatisierter Prozesse als produktiv erweisen, sondern vor allem dort, wo es um die Lösung kniffligerer Probleme geht. Statt ein Kontrollregime zu errichten, auf dass sich niemand vor der Arbeit drücken kann, müssten sich die Kommunarden deshalb einer egalitären, alle gesellschaftlichen Bereiche umfassenden Organisation und Vermittlung von praktischem und theoretischen Wissen, Bildung, Fertigkeiten etc. widmen. Schon heute sind qualifizierte Arbeitskräfte wesentlich produktiver als unqualifizierte, weshalb der Kommunismus weniger als jemals ein Kommunismus der Fabrikarbeiter sein kann. Vielmehr wären die Fähigkeiten aller so weit auszubilden, dass ihnen bei Interesse auch Bereiche wie Maschinenbau, Medizin, Verkehrsmittelbedienung oder Informatik offen stehen. Die möglichst rasche Auflösung der Trennung von Hand- und Kopfarbeit hätte deshalb von vornherein richtungsweisend für die sozialrevolutionäre Bewegung zu sein, wobei der auffällig hohe Anteil von Handarbeit im Hobbybereich – Bastelboom, Urban Gardening, Modellbau, Oldtimerschrauben und der ganze Käse – auf eine durchaus produktive »Leidenschaft« verweist, sich auch mit den Händen zu betätigen. Nicht die möglichst gerechte Verteilung von Arbeits- und Freizeit sollte deshalb das Ziel sein, sondern die menschenwürdige Aufhebung dieser Trennung bei größtmöglicher Automatisierung der Produktion.

5
Trotz ungekannter Möglichkeiten, stupide Jobs zu beseitigen, wird sich der alte Menschheitstraum von einer technischen Abschaffung der Arbeit allerdings auch im sogenannten digitalen Zeitalter nicht erfüllen. Skeptikerinnen verweisen meistens auf den Bereich der Pflege und Sorge, um die Grenzen der Automatisierung aufzuzeigen, aber ein vom heutigen Arbeitsaufwand her mindestens genauso gewichtiges Beispiel dafür ist die Landwirtschaft, in

der die Commune zunächst etliche um einen hohen Preis erkaufte Produktivitätsfortschritte rückgängig machen müsste. Das verweist exemplarisch auf die unangenehme Tatsache, dass die Commune heute vom Kapitalismus nicht nur scifi-verdächtige Produktivkräfte, sondern auch einen Berg ungelöster Probleme erben würde. Die Kommunarden von 1871 kannten zwar noch nicht den Computer, dafür aber auch nicht die Sorge, dass der Planet unwiederbringlich zuschanden gehen könnte. An der Gesellschaftskritik im 20. Jahrhundert lässt sich verfolgen, wie neben den Produktionsverhältnissen an sich immer stärker ins Visier rückt, *was* in ihnen mit *welchen* Folgen hergestellt wird. Vermutlich waren die Situationisten in den 1950er Jahren die ersten Revolutionäre, die der Zerstörung der Städte durch den Automobilverkehr Bedeutung beigemessen haben und für deren Programmatik die Abschaffung der »parasitären Sektoren« eine große Rolle spielte.

Für die Commune scheint die lange und länger werdende Liste sinnloser oder sogar schädlicher Tätigkeiten, die den metropolitanen Alltag bestimmt, zunächst ein Geschenk zu sein, übersetzt sie sich für sie doch unmittelbar in einen riesigen Zeitfonds; ganze Branchen könnten stillgelegt werden, für die Erledigung der weder automatisierbaren noch irgendwie ansprechend zu gestaltenden Aufgaben stünden viel mehr Leute bereit. Aber die Irrationalität des Kapitalismus hat im Laufe seines Fortbestehens praktisch den gesamten Stoffwechsel mit der Natur imprägniert und sich handfest im Raum materialisiert. Mehr als bloße Beispiele dafür sind das vollkommen ungelöste Energieproblem und »die Zersplitterung der Städte auf das Land« (Guy Debord), der berüchtigte *urban sprawl* also, dessen trostlose Nichtorte durch unvermeidlichen Autoverkehr und kleinteilige Bebauung das erstere massiv verschärfen. Die Kommunarden müssten nicht nur eine neue Energieversorgung erfinden, sondern wären vermutlich lange Zeit mit dem Rückbau solcher Nichtorte und der Sanierung von Slums im globalen Süden, mit der Umgestaltung der Landwirtschaft und der Renaturierung zerstörter Gegenden beschäftigt, ohne dabei auf nennenswerte Hilfe von Robotern zählen zu können. Das spricht nicht gegen das Ausschöpfen von Möglichkeiten der Automatisierung an anderer Stelle – die besonders in ärmeren Weltgegenden bestehen, wo billige Arbeitskraft sie bislang unattraktiv macht –, denn dadurch werden Kräfte für solche Aufräumarbeiten frei. Es dämpft aber Erwartungen, mit den neuen Technologien sei der Menschheit ein wahres Füllhorn in den Schoß gefallen, nur weil sich digitale Güter unendlich vervielfältigen lassen und der Fön neuerdings via Internet mit dem Toaster kommunizieren kann.

6

Der Reichtum der Commune dürfte angesichts dessen kaum der sein, den wir kennen, nur in anderen Verhältnissen produziert. Schon gar nicht geht es darum, dass die Metropolenbewohner noch mehr von dem bekommen, was sie heute schon haben: mehr Flugreisen, Pkws, Mobiltelefone und hässliche, schnell zerschlissene T-Shirts. Nicht, weil die entsprechenden Bedürfnisse als »künstlich« denunziert und vermeintlich natürlichen gegenübergestellt werden könnten. Wie besonders die Frankfurter Spätmarxisten gezeigt haben, lauert in einer solchen Unterscheidung autoritäre Willkür, weil sich Natur, als Trieb, und Gesellschaft in jedem Bedürfnis unauflösbar verschlingen. Als Produkte der bestehenden *Klassen*gesellschaft sind Bedürfnisse allerdings auch nicht unschuldig und in die klassenlose zu projizieren. Adorno antwortete auf dieses Dilemma einerseits mit dem dialektischen Clou, eine Umstellung der Produktion auf die Befriedigung »auch und gerade der vom Kapitalismus produzierten« Bedürfnisse werde »die Bedürfnisse selbst entscheidend verändern« – es werde sich dann »rasch genug zeigen«, dass die Massen den ihnen heute angedrehten »Schund« nicht brauchen –, und andererseits mit dem Gedanken der Gleichheit und Solidarität: »Die Frage nach der Sofortbefriedigung des Bedürfnisses ist nicht unter den Aspekten gesellschaftlich und natürlich, primär und sekundär, richtig und falsch zu stellen, sie fällt zusammen mit der Frage nach dem *Leiden* der gewaltigen Mehrheit aller Menschen auf der Erde. Wird produziert, was *alle* Menschen jetzt, hier am dringendsten brauchen, so ist man allzu großer sozialpsychologischer Sorgen wegen der Legitimität ihrer Bedürfnisse enthoben.«

Da zum Ausmaß unbefriedigter dringendster Bedürfnisse besonders auf der südlichen Halbkugel heute die Grenzen der Belastbarkeit der Natur hinzukommen, müsste eine *Welt*commune vieles global umschichten. Nicht, damit es hinterher überall gleich aussieht; im Gegenteil gäbe es sicher Regionen, die nach heutigen Maßstäben »zurückgeblieben«, also weniger technisch-industriell entwickelt wären. Um aber den in Armutsregionen herrschenden Mangel an praktisch allem – Wohnraum, Krankenhäuser, selbst Kanalisation – beseitigen zu können, ohne dass die Aussicht auf eine Genesung des Planeten endgültig schwindet, müsste in den alten Metropolen der Energie- und Ressourcenverbrauch drastisch sinken. Trotz einer gewissen Tendenz zur weltweiten Angleichung der proletarischen Existenzbedingungen steht selbst eine Hartz-IV-Empfängerin materiell besser da als jede Textilarbeiterin in Asien und verursacht der durchschnittliche Westeuropäer zigmal so viel Kohlenstoffdioxidausstoß wie ein Bewohner des afrikanischen Kontinents.

Ohne sich auf die Frage nach »richtigen« und »falschen« Bedürfnissen einzulassen und fernab von Genussfeindschaft im grünen Gewand müsste eine sozialrevolutionäre Bewegung in den Metropolen einen anderen Reichtum anvisieren als den heutigen. Während dieser als eine »ungeheure Warensammlung« erscheint, weniger ein gesellschaftlicher ist als die Addition individuellen, sehr ungleich verteilten Besitzes, müsste die Commune nicht nur in der Produktion, sondern auch in der Sphäre von Nutzung und Verbrauch auf maximale Vergesellschaftung setzen. Das »Recht auf Einsamkeit« (Marcuse) und auf Rückzug ins Private wäre für sie entgegen jedem Gemeinschaftskult unantastbar, aber anders als in der auf Massenabsatz und letztlich Verschleiß geeichten Profitwirtschaft wäre dieses Private nicht mehr primär der Raum, der einen beständig wachsenden Warenstrom verschlingen muss, damit die Maschine weiterläuft. Wo es Kantinen und Waschsalons gibt, die über ihre schnöde Funktion hinaus Orte einer zwanglosen Begegnung sein könnten, muss nicht mehr jede Wohnung mit Spül- und Waschmaschine ausgestattet sein. Schon durch wenige Sofortmaßnahmen könnte die Commune im Handstreich Probleme lösen, an denen sich die Technokraten heute die Zähne ausbeißen und weiter ausbeißen werden. Anstatt zum Beispiel die gemeingefährliche Idee der »E-Mobilität« weiterzuverfolgen – Elektroautos erfordern genauso viel Arbeit, Ressourcen, Straßen und Platz in den Städten wie solche mit Benzinmotor, den entfallenden Abgasen steht eine hochgiftige Batterieproduktion gegenüber –, würde sie einfach ein paar Tramschienen verlegen (wo die Blechkolonnen verschwunden sind, muss man auch nicht mehr mit irrwitzigem Aufwand Tunnel in die Erde graben). Auch den Flugverkehr könnte man, um den Planeten buchstäblich wieder zu Atem kommen zu lassen, drastisch einschränken, weil es keine gehetzten Manager und Touristen mehr gibt.

Auch die im Weltmaßstab besser gestellten Teile des Proletariats hätten durch eine Umwälzung viel zu gewinnen. Zu aktualisieren wäre der in der historischen Commune von 1871 aufgeblitzte Gedanke eines *luxe communal*, der damals vor allem darauf zielte, die Trennung von profaner materieller Produktion und Kunst in einem neuen Städtebau aufzuheben. Er müsste weit darüber hinaus ein Leitmotiv des neuen Gemeinwesens sein. Luxus für alle existiert heute allenfalls in Gestalt öffentlicher Bibliotheken, die der Staat betreiben muss, weil sie nicht »rentabel« sind. Je mehr die Commune ihren gemeinschaftlichen Reichtum entfaltet, umso hinfälliger wird auch die Frage nach der Bemessung des individuellen Konsums, der im selben Maß an Bedeutung verliert.

7

Aus der Irrationalität der jetzigen Ordnung einerseits, den durch sie eröffneten Möglichkeiten andererseits ergeben sich so erste Konturen eines freien Gemeinwesens: Umbau des Maschinenparks nach den Bedürfnissen der Produzentinnen; Abschaffung sinnloser, Automatisierung ermüdender und ansprechende Gestaltung immer noch notwendiger Tätigkeiten; wenn gar nichts anderes hilft: Rotation notwendiger, aber weiterhin unangenehmer Aufgaben; Ende der Lohnarbeit und jeder Kopplung von Konsum an Leistung; Entfaltung eines wirklich gesellschaftlichen Reichtums. Über die gesellschaftlichen Formen, in denen das machbar wäre, ist damit noch wenig gesagt.

Daran hängt aber alles: Egal wie offensichtlich der destruktiv-irrationale Charakter der heutigen Produktionsweise geworden ist und was auch immer an Potenzialen in der neueren Technik schlummern mag, solange das Zusammenleben von mehreren Milliarden Menschen nicht anders vorstellbar scheint als in den gegebenen Formen, wird sich nichts ändern. Genau wie ein linker Realismus, der Momente der schlechten Realität fortschreibt, ist ein Scheinradikalismus zurückzuweisen, der sich in der Feier von isolierten Revolten ergeht, maximale Zerstörung predigt und zur Frage nach einer anderen Gesellschaft nur Phrasen über die totale Freiheit des Einzelnen auf Lager hat. Es geht um eine andere gesellschaftliche Vermittlung; eine, in der sich das Ganze nicht gegen die Einzelnen wendet, sondern deren bewusstes Werk ist. Dass der doch immerhin aus der Oktoberrevolution geborene Realsozialismus das Marx'sche Programm einer »Zurücknahme des Staates in die Gesellschaft« ins schaurige Gegenteil verkehrte, indem er eine Staatsmacht mit totalitären Zügen inthronisierte, unterstreicht dabei die Größe der Herausforderung, den losgelassenen Partikularismus der bürgerlichen Marktökonomie anders zu überwinden als durch staatlichen Zwang, der jedem Einzelnen seinen Platz zuweist. Ein freies Gemeinwesen müsste beides überwinden, also den heute blind-naturwüchsigen, durch Konkurrenz und Krisen sich vollziehenden materiellen Lebensprozess planvoll, kooperativ und bewusst gestalten und dabei bislang vom Staat erfüllte notwendige Funktionen so »in sich zurücknehmen«, dass dieser als ein von ihr getrennter Zwangsapparat verschwindet. Das Erste ist die Bedingung des Zweiten: Nur ein egalitäres, über die materiellen Grundlagen seines Lebens verfügendes Gemeinwesen kann den Staat als äußere »Zusammenfassung« (Marx) einer in sich zerrissenen Gesellschaft überflüssig machen. Die für den Kapitalismus charakteristische Trennung von Politik und Ökonomie würde dabei aufgehoben.

Geschichtliche Entwürfe dieser Art haben sich fernab von Utopismus auf die reale Praxis des Proletariats gestützt: Erst unter dem Eindruck der Pariser Commune nannten Marx und Engels ihr 1848 formuliertes Programm der Staatseroberung »veraltet«, während die von 1905 an wiederholt auftauchenden Arbeiterräte einen dezidiert antistaatlichen Kommunismus inspirierten. Im ersten Fall waren es vor allem die »Unterdrückung des stehenden Heeres durch das bewaffnete Volk«, die jederzeitige Absetzbarkeit der gewählten Stadträte und ihr vom Parlamentarismus unterschiedener Charakter als »eine arbeitende Körperschaft, vollziehend und gesetzgebend zugleich«, die Marx von einer »Revolution gegen den Staat« sprechen ließen. Der Aufstand der Kommunardinnen zielte darauf ab, die alte zentralistische Staatsmacht zugunsten eines Netzes von Kommunen zu zerbrechen, in denen eine lokale »Selbstregierung der Produzenten« besteht. Im späteren Rätemodell, am ausführlichsten von Anton Pannekoek dargestellt, wird der Gedanke einer »arbeitenden Körperschaft« und abwählbarer verantwortlicher Delegierter fortgeführt, aber strikt an die Produktion gebunden. Die Gesellschaft baut sich wie eine Pyramide von unten nach oben auf, die entscheidende Einheit ist der einzelne Betrieb: »Es gibt keine Trennung zwischen Politik, als der Lebensbeschäftigung einer Gruppe von Spezialisten, und Wirtschaft, als der Lebensbeschäftigung der großen Masse der Produzenten. [...] Die Räte sind keine Politiker, keine Regierung. Sie sind Boten, die die Meinungen, die Absichten und das Wollen der Arbeitergruppen vermitteln und überbringen.« Nicht einmal »die zentralen Räte haben regierungsartigen Charakter«, denn »sie besitzen keine Gewaltmittel«. Ein Staat als von der Gesellschaft getrennte Zentralgewalt existiert nicht mehr.

Die Räte blieben in der einen oder anderen Form jahrzehntelang für viele Radikale die Alternative zum östlichen Staatssozialismus. Heute ist das »bemerkenswerte Fortbestehen der *realen Tendenz* zur Macht der *Arbeiterräte*«, das die Situationisten 1969 zuversichtlich stimmte, Geschichte. In den Kämpfen der letzten Dekaden hat sich aber auch keine andere Form herausgeschält, die auf ein nicht länger staatlich verfasstes Gemeinwesen hindeuten würde. Die jüngeren Platzbesetzungen sind ein zeitgemäßes, der Fragmentierung der lohnabhängigen Klasse entsprungenes *Mittel des Kampfes*, aber im Unterschied zu den Räten nicht zugleich *Vorschein einer neuen Einrichtung der Gesellschaft*. Mit ihrer horizontalen Selbstorganisation schlossen die besetzten Plätze von Griechenland über Ägypten bis Spanien zwar in gewisser Weise an die Räte an. Sie blieben aber nicht nur von der Produktion, also dem entscheidenden Hebel zur Auflösung des Kapitalverhältnisses, getrennt, sondern hatten jenseits eines allgemeinen Unmuts überhaupt keine klar umrissene praktische Grundlage. Die Massenversammlungen auf manchen dieser Plätze, in denen sich jeder – im begründeten Misstrauen gegenüber der offiziellen Politik umso entschiedener an der eigenen Identität als Bürger festhaltend – kurzerhand selbst vertrat, erschöpften sich folgerichtig zumeist in einem ziel- und endlosen Palaver, an dem allen Beteiligten recht bald die Lust verging. Dass sich alle auf der grünen Wiese versammeln und über alles beratschlagen, ist sicher kein Modell für die Commune.

Vieles an den alten Rätekonzepten mutet heute fraglos verstaubt an. In Pannekoeks Skizze von 1947 sind alle Arbeiter fest einem Betrieb zugeordnet, ihr gesamtes Leben dreht sich um die Produktion, das gesellschaftliche Gefüge erscheint wie ein konfliktfreier Organismus. Versteht man unter einem Rat aber zunächst nur, dass die, die an einem bestimmten Ort arbeiten oder leben, über ihre gemeinsamen Angelegenheiten gemeinsam beratschlagen, sie praktisch gestalten und sich mit anderen durch jederzeit absetzbare Delegierte abstimmen, dann dürfte eine solche Form bis zur Erfindung von etwas ganz anderem das Gerüst einer neuen Commune bilden, sollte sie denn entstehen. Auf welcher Basis die Räte, Basisversammlungen (oder wie immer man es nennen mag) dann beruhen, wie sie ineinandergreifen, wäre je nach den lokalen Bedingungen unterschiedlich und würde sich gewiss immer wieder ändern – die »Unbeständigkeit der Verfassung«, so Horkheimer, »wäre der klassenlosen Gesellschaft eigentümlich. Die Formen der freien Assoziation schließen sich nicht zum System zusammen.« Heute würden vielleicht territoriale Räte neben solchen in der Produktion eine größere Rolle spielen.

Die Voraussetzungen für eine solche freie Assoziation haben sich vor allem im globalen Norden im Verlauf der letzten hundert Jahre in mehrerer Hinsicht deutlich verbessert. Die erste besteht in freier Zeit. Nur wer nicht übermäßig vom Reich der Notwendigkeit beansprucht wird, kann überhaupt an den öffentlichen Angelegenheiten teilnehmen. Zweitens ist das allgemeine Bildungsniveau heute höher als zu den Zeiten, in denen die ersten Räte entstanden. Viel mehr Menschen können nicht nur lesen und schreiben, sondern beherrschen Fremdsprachen, sind ein bisschen in der Welt herumgekommen, konnten neben der Lohnarbeit ihren Interessen nachgehen. Drittens schließlich eröffnen sich mit der Informationstechnik völlig neue Möglichkeiten, die Produktion ohne zentrale Planungsbehörde zu koordinieren und auf die Bedürfnisse abzustimmen. Was gebraucht wird, dürfte sich mittels Computer und Netz viel einfacher ermitteln lassen als per Post und Kommissar; wo Not am Mann, der Frau oder anderen Menschen ist, ebenfalls. So wie sich Menschen heute auf elektronischem Wege zu »Events« verabreden, könnten beispielsweise Landkommunen bekanntgeben, wann Erntehilfe willkommen wäre, und jeder könnte verfolgen, ob er noch gebraucht wird oder nicht. Produktionsstätten könnten weltweit ihre Auslastung aufeinander abstimmen, den stofflichen Verkehr unter sich regeln und Erfahrungswissen austauschen. An allen Knotenpunkten müsste es verantwortliche Teams geben, gleichzeitig wäre je nach Bedarf und Neigung viel Wechsel zwischen Tätigkeiten in verschiedenen Bereichen möglich. Es würden auch nicht mehr wie im Realsozialismus irgendwo Güter vergammeln, die andernorts gebraucht werden. Nicht nur Produktion und Verteilung, auch die mit Rücksicht auf die

Natur angezeigte gemeinsame Nutzung von Dingen, die heute als *Sharing Economy* ein Dasein als kapitalistischer Geschäftszweig fristet, würde enorm erleichtert. Alle Vorgänge wären für jeden, den es interessiert, einsehbar; die Transparenz des Ganzen, die sich Pannekoek von der Abschaffung des Einzelbetriebs versprach – »Jetzt liegt die Struktur des gesellschaftlichen Prozesses wie ein offenes Buch vor den Augen der Menschen« –, würde in einem Maß wahr, von dem er 1947 noch nichts ahnen konnte. Ebenso ist der »Reichtum der Fernmeldetechnik«, den der Situationist Raoul Vaneigem zwanzig Jahre später für »die laufende Kontrolle der Delegierten durch die Basis« in der Rätedemokratie in Dienst nehmen wollte, seitdem immens gewachsen. Weil einem die Soziologen mit Modewörtern wie »Kommunikation«, »Netzwerk«, »Wissensgesellschaft« etc. pp. in den Ohren liegen, schämt man sich solcher Gedankenspiele fast. Sie drängen sich aber auf, und an den vielfältigen Möglichkeiten, die die digitale Technik einem freien Gemeinwesen bietet, lässt sich die Borniertheit derjenigen ermessen, für die sie nur die endlich entdeckte Form einer perfektionierten Arbeitszeitmessung darstellt.

In einer heutigen Commune wären die Räte oder Basisversammlungen dadurch von vielen banalen Aufgaben entlastet. Was bliebe, ist das Problem bestimmter Entscheidungen, die viele betreffen und weder auf lokaler Ebene noch durch rein technische Koordination zu klären sind. Dezentralisierung, wie im Programm der Kommunardinnen von 1871 angestrebt und auch heute im Sinne der Überschaubarkeit anzustreben, stößt an Grenzen. Es ist zum Beispiel nicht sinnvoll und in vielen Fällen nicht machbar, alles vor Ort herzustellen. In einer weltweiten oder fürs Erste auch nur größere Regionen umfassenden Commune würden sich unweigerlich Fragen etwa nach der Verwendung begrenzter Ressourcen ergeben, die nur zentral entschieden werden können. Daraus folgt, geht man von einer antiautoritären Struktur aus, deren zentrale Organe nur auf Anweisung »von unten« arbeiten, möglicherweise eine Überforderung. Dass alle über alles entscheiden, scheint im schlechten Sinne utopisch. Mit solchen Grenzen müsste bewusst umgegangen werden, um zu verhindern, dass sich erneut eine von Spezialisten bevölkerte politische Sphäre verselbständigt.

Das Verschwinden des Staates würde also nicht in einen amorphen Zustand münden, sondern im Gegenteil eine hochentwickelte gesellschaftliche Selbstorganisation erfordern. Die »Rücknahme des Staates in die Gesellschaft« müsste auch einen ganz anderen Umgang mit den Problemen einschließen, für die heute Recht, Strafjustiz und Gefängnisse zuständig sind. Vieles oder sogar das meiste, was heute als Kriminalität verfolgt wird, ist aus materieller Not geboren und würde zusammen mit ihr verschwinden – etwa Eigentumsdelikte –, anderes nicht. Anzuknüpfen wäre an die Kritik des sowjetischen Rechtsgelehrten Eugen Paschukanis, der das »Strafrecht, wie das Recht überhaupt« als »eine Form des Verkehrs zwischen egoistischen isolierten Subjekten« fasste, die auf dem bürgerlichen Prinzip der Äquivalenz beruht. An die Stelle der Vergeltung müsste eine Praxis der Veränderung treten, die »Gerichtsprozess und Gerichtsurteil überhaupt überflüssig macht«. Anstatt Gefängnisse – ein »gesellschaftliches Verbrechen und Versagen« (Emma Goldman) – zu errichten und ihre Zeit mit dem heute völlig ausgeuferten Rechtswesen zu vertrödeln, müssten die Kommunardinnen an anderen Formen von Konfliktbewältigung arbeiten und etwa auf gewalttätige Individuen »bessernd« einwirken, was durchaus Momente von Zwang umfassen könnte. Grundsätzlich bestünde die Herausforderung, sicherzustellen, dass die Auflösung der abstrakten Rechtsbeziehungen nicht einem Rückfall hinter den Status quo gleichkommt, in dem das Recht gerade in seiner Abstraktheit idealiter auch Schutz vor staatlicher Willkür bieten soll. Die »Rücknahme des Staates in die Gesellschaft« darf nicht bedeuten, dass die Einzelne den zufälligen Launen ihrer nächsten Mitmenschen ausgeliefert ist und an die Stelle der von Abstraktionen beherrschten bürgerlichen Gesellschaft die Unmittelbarkeit kleiner Gemeinschaften tritt. Eine Gewähr dafür gibt es nicht. Es wäre eine der vielen gewaltigen, aber nicht unlösbaren Aufgaben, die sich den Menschen stellen würden.

8

Die hier skizzierten Veränderungen würden die Geschlechterordnung in mehrfacher Hinsicht berühren, ohne die heute mit ihr verbundene Misere, von der Arbeitsteilung über Rollenklischees bis zu Gewalt gegen Frauen, zwangsläufig aus der Welt zu schaffen. Sie dürfte zwar schon in den Klassenkämpfen, aus denen die Commune hervorgeht, von zentraler Bedeutung sein und sicherlich würden die Kommunardinnen auf konkreten und sofortigen Veränderungen bestehen. Die vollständige Auflösung der etablierten Geschlechterordnung dürfte dennoch für mehrere Generationen eine Aufgabe bleiben und würde bedeuten, dass in der Commune nicht sofort Harmonie einkehrt, sondern Kämpfe an der Geschlechterfront erst richtig Schwung bekommen, so wie bislang in allen modernen sozialen Erschütterungen – 1871, 1917 ff., 1936/37, 1968 – zu beobachten. Bei allen Verschränkungen gehen Geschlechterordnung und kapitalistische Produktionsweise nicht ineinander auf. Deshalb können viele Feministinnen heute auf Kapitalismuskritik pfeifen und deshalb könnte es umgekehrt männliche Kommunarden geben, die auf traditionellen Rollen beharren und denen auch nach der Abschaffung der Lohnarbeit das Programmieren von Software näher liegt als das Wickeln von Säuglingen.

Immerhin fänden Bemühungen, die alte Welt auch in dieser Hinsicht zu verlassen, einen wesentlich günstigeren Rahmen vor. Erstens würde mit dem Ende der Lohnarbeit ein Faktor entfallen, der die heutige seltsame Arbeitsteilung zwischen den Geschlechtern zwar nicht zwingend nach sich zieht, aber doch dazu beigetragen hat, dass sie sich trotz aller Erosionstendenzen des klassischen Patriarchats noch immer wacker hält. Wie wir an anderer Stelle geschrieben haben: »Die Gebärfähigkeit ist, vollkommen unabhängig davon, ob Frauen Kinder bekommen wollen oder nicht, prinzipiell ein Nachteil auf dem Arbeitsmarkt; kommt dann tatsächlich ein Kind ins Spiel, sind es mit einer gewissen Folgerichtigkeit dann meistens die weniger verdienenden Frauen, die sich um es kümmern.« Wenn an die Stelle des Arbeitsmarkts eine bewusste Verteilung aller gesellschaftlichen Aufgaben tritt, stünden die Chancen für eine Überwindung dieses Archaismus etwas besser. Wo alles Sache gemeinsamer Beratung wird, müssten sich Männer zumindest ein paar gute Gründe dafür einfallen lassen, warum sie sich mit profanen Dingen wie Kinderbetreuung und Hausarbeit nicht abgeben mögen.

Zweitens könnten viele der heute weitestgehend Frauen aufgehalsten Tätigkeiten gemeinschaftlich erledigt werden. In dieser Hinsicht bräuchte die nächste revolutionäre Bewegung wenig zu erfinden; der Gedanke ist so alt wie entsprechende praktische Versuche, man denke nur an Alexandra Kollontais Eintreten für kollektive Wohnformen und gemeinsame Kinderbetreuung in der frühen Sowjetunion. Auch mit dem Kapitalismus ist das nicht prinzipiell unvereinbar: Wo die Mobilisierung von Frauen für die Lohnarbeit erwünscht ist, kümmern sich manchmal staatliche Einrichtungen um die Kinder. Aber dieses Interesse scheint angesichts grassierender Massenarbeitslosigkeit heute in den meisten Gegenden der Welt begrenzt und selbst dort, wo es besteht, bleibt die Sorge für die Kinder zumeist Privatsache und dann letztlich an Großeltern oder Nachbarinnen hängen (in China gibt es ganze Dörfer, in denen nur Alte und Kinder leben). Das kostet weniger. Von der Tyrannei der Finanzierbarkeit befreit, könnte eine Commune all das, was heute als unproduktive Aufgabe vernachlässigt wird, ganz anders, nämlich nach Maßgabe der gegebenen Bedürfnisse gestalten.

Drittens würden Ehe und Familie zwar nicht unbedingt als Lebensform, aber als wirtschaftliche Einheit verschwinden, weil es kein Privatvermögen mehr gibt – kein Konto, kein Häuschen, kein Acker, kein Erbe. Die unselige Verquickung von materiellen Interessen und engsten menschlichen Beziehungen würde aufgelöst. Das müsste heilsame Auswirkungen auf das Verhältnis zwischen Eltern und Kindern wie auch zwischen den Geschlechtern haben. Keine Frau müsste zum Beispiel den Wunsch nach einer Trennung unterdrücken, weil sie ohne das Einkommen des Gatten in die Armut abrutscht oder ohne das gemeinsame Dach überm Kopf im Regen steht. Darüber hinaus würden Privates und Gesellschaftliches dadurch, dass sie in ein anderes Verhältnis treten, grundsätzlich ihren Charakter verändern. Was heute an Glücksversprechen in die Familie gelegt wird, nur um zumeist bitterböse enttäuscht zu werden, ist weitgehend Reflex auf inhumane Verhältnisse; die heimelige Existenz im biologischen Kleinverbund der Gegenpol zu einer Gesellschaft, in der sich mit Grund niemand zuhause fühlt. Sofern Menschen auch nach der Revolution Kleinfamilien bilden wollen, würde ihnen das selbstverständlich niemand verbieten, aber der Drang danach dürfte abnehmen und, sofern vorhanden, weniger traurige Resultate haben als heute, da die Individuen ganz anders in der Gesellschaft aufgehoben wären und die ökonomische Seite der Familie vollständig wegfiele.

Grundsätzlich würde eine soziale Revolution der Emanzipation aus den heutigen Geschlechterverhältnissen insoweit entgegenkommen, wie diese noch immer mit einer bestimmten Polarität von Lohn- und Hausarbeit inklusive Kinderbetreuung amalgamiert sind. Eine Gewähr für irgendeinen Fortschritt wäre sie für sich genommen nicht. Auch die vernünftig-gesellschaftlich geregelte Kinderbetreuung zum Beispiel könnte an den Frauen hängen bleiben, und noch weniger würde all das an den Geschlechterverhältnissen von allein verschwinden, was nicht in einer bestimmten Arbeitsteilung aufgeht. So sehr den klassischen, in den spätkapitalistisch-liberalen Ländern bereits verflüssigten, aber durchaus noch existierenden Geschlechtscharakteren ihr historischer Zusammenhang mit der Spaltung des gesellschaftlichen Lebensprozesses in Marktökonomie und private Reproduktion ins Gesicht geschrieben steht – sorgend-subaltern die einen, aktiv, durchsetzungsfähig, abgehärtet die anderen –, so sehr haben sie sich bis in die letzten Winkel des

Seelenlebens eingenistet und treiben bis heute als Identifikationsangebote ihr Unwesen. Schon weil sie weithin *unbewusst* ausgebildet und gelebt werden, wird ihre vollständige Auflösung Zeit in Anspruch nehmen: »Während sich besonders die Zerschlagung der Staatsmaschinerie als ein konzentriertes ›Umwerfen‹ derselben vorstellen lässt, lässt sich die notwendige Veränderung und Selbstveränderung der (eigenen) geschlechtlichen Subjektivität und des Geschlechterverhältnisses kaum anders denken denn als ein langwieriger, kulturrevolutionärer Prozess, der sich von Zeit zu Zeit auch eruptiv, insgesamt aber eher peu à peu in den zwischenmenschlichen Beziehungen des Alltagslebens und einer neuartigen kulturellen Produktion vollziehen wird.« (Lux et al.)

9

Der Übergang in die Commune ist weder durch Staatseroberung noch durch allmähliche Ausweitung einer angeblich schon aufkeimenden anderen Produktionslogik denkbar und auch nicht als Kombination von beidem, als Gemeinschaftsunternehmen linker Regierungen und alternativer Praktiken an der Basis. Über das marxistisch-leninistische Revolutionskonzept – Eroberung der politischen Macht, Verstaatlichung der Wirtschaft, geduldiges Warten auf das »Absterben des Staates« – braucht man heute nicht mehr viel Worte verlieren. In der Abwendung von ihm ist aber häufig die Notwendigkeit eines Bruchs zugunsten eines alternativen Gradualismus aus dem Blick geraten, sei es unter den Stichwörtern *Commons*, Keimform oder auch »Wertkritik«, einer vermeintlich grundstürzenden Erneuerung des marxistischen Denkens, die nach ihrem Abschied vom Proletariat recht nahe an die grün-alternative Ideologie der 1970er Jahre gerückt ist: Aufgebürstet zur »Entkoppelung vom Ware-Geld-System« sollen Inseln eines anderen Lebens und Wirtschaftens im Bestehenden geschaffen werden, um dieses Schritt für Schritt zu untergraben. Soweit es möglich ist, sich schon heute Lebensgrundlagen jenseits des Marktes zu verschaffen, lässt sich dagegen nichts einwenden, aber furchtbar viel ist ohne Bruch mit dem Eigentum eben nicht möglich, verstanden nicht nur – was zunächst die entscheidende Konfrontation wäre – als Enteignung derer, die die Verfügungsmacht über die Betriebe haben, sondern auch als Ende der Trennung *zwischen* den Betrieben, die als solche aufgehoben würden und nur noch Knotenpunkte im Fluss der gesellschaftlichen Produktion wären. Weder sind ohne eine sozialrevolutionäre Massenbewegung nennenswerte Ressourcen für ein anderes Leben zu bekommen, noch könnten sie, wären sie denn verfügbar, auf Dauer dem stahlharten Gehäuse der Marktbeziehungen entzogen bleiben.

Vorstellbar ist der Übergang in die Commune daher nur als *wilde Bewegung der Besetzungen*, die sich allem bemächtigt, was für sie von Nutzen ist – Wohnraum, öffentliche Gebäude, Betriebe, Ländereien, Transportmittel –, oder aber blockiert und sabotiert, was stillgelegt werden muss. Entscheidend wäre, das Eroberte sofort zur Ausweitung der Bewegung zu nutzen, ohne die alles wieder in sich zusammenfallen würde. Güter müssten einfach verteilt, Dienste wie medizinische Versorgung und öffentlicher Verkehr ebenfalls kostenlos bereitstehen; das Geld würde nicht wie im sowjetischen Kriegskommunismus per Dekret »abgeschafft«, sondern überflüssig, zumal es in einer schweren sozialen Krise vermutlich ohnehin entwertet wäre. Ein schwacher Vorschein dieser Praxis lässt sich in größeren Erhebungen entdecken, wo das gemeinsame Ziel die kleinliche Frage nach Mein und Dein gegenstandslos macht; im Mai 1968 schafften Bauern die Früchte ihrer Äcker zu den Besetzern in Paris, bei vielen Platzbesetzungen der letzten Jahre wurden Nahrungsmittel gratis ausgegeben, Verletzte versorgt, anstehende Aufgaben zwanglos verteilt.

Die kaum zu überschätzende Herausforderung besteht jedoch darin, über Beschlagnahmung und Verteilung von Gütern hinaus die Produktion auf neuer Grundlage wieder in Gang zu setzen. Wie der eigene Betrieb funktioniert, das wissen noch am ehesten die dort Beschäftigten, ohne deren Kooperation auch im Hightech-Zeitalter gar nichts läuft; mit Unterstützung aller daran Interessierten könnten sie sofort damit beginnen, die Abläufe ihren Bedürfnissen anzupassen, die Produktion sofern nötig auf die Erfordernisse der Bewegung umzustellen und ihre Erzeugnisse der embryonalen Commune zu schenken. Schon die soziale Revolution in Spanien 1936/37 stand jedoch vor dem Problem der wirtschaftlichen Abhängigkeit von anderen, nicht in Umwälzung begriffenen Regionen, und die heutige weltweite Arbeitsteilung verurteilt jeden lokal begrenzten Ausbruchsversuch erst Recht zu einem schnellen Ende. Das heißt nicht, dass die Revolution am selben Tag auf der ganzen Welt ausbrechen müsste, aber ohne zügige Ausdehnung über größere Gebiete, die wenigstens das Notwendigste bereithalten, wäre alles verloren. Als Katalysator einer solchen Ausdehnung könnte sich eine schwere Krise erweisen, die eine ganze Reihe von Ländern gleichzeitig erfasst.

Welchen Verlauf eine solche Bewegung nehmen würde, hinge natürlich in entscheidendem Maße von der Reaktion der Mächtigen ab. Ob sie versuchen, die Aufstandszentren in einem Remake der Blutwoche von 1871 militärisch auszulöschen, oder aber, wie die greisen Bürokraten im Osten anno 1989, müde und resigniert abdanken, wäre selbstredend ein Unterschied ums Ganze. Hier käme es darauf an, »die Streitkräfte entlang der Klassenlinien zu spalten« und den Militärapparat durch »Verweigerung wichtiger Güter und Dienstleistungen« zu schwächen (Angry Workers of the World). Auch wenn das Eroberte vermutlich mit Gewalt verteidigt werden müsste, läge die entscheidende Kraft der umwälzenden Bewegung in ihrer Fähigkeit, materielle Bedürfnisse zu befriedigen und bereits im Moment der Erhebung andere menschliche Beziehungen aufscheinen zu lassen. Beides wäre so zu vereinen, dass es Massen von Leuten trotz aller Risiken auf einmal selbstverständlich scheint, aus der bestehenden Ordnung zu desertieren. Was die Lohnabhängigen nicht mehr aufrechterhalten, können auch Panzer nicht retten.

Die Crux besteht darin, dass der heutige weltumspannende Produktionsapparat, welche Potenziale auch in ihm liegen mögen, in seiner zunächst gegebenen Gestalt ein furchtbar ungünstiger Ausgangspunkt für die Umwälzung ist. Zwischen dem Ist-Zustand und der möglichen Commune tut sich ein riesiger Abgrund auf, und der hier skizzierte Sprung über diesen Abgrund hat unbestreitbar gewisse abenteuerliche Züge. Politisch schlägt sich diese Situation einerseits in der erwähnten Hinwendung zu lokalen *Commons* und in einem Neoanarchismus nieder, der in »der Infrastruktur« den Feind ausmacht und ziellos Bahnstrecken sabotiert, andererseits im Postulat einer Unverzichtbarkeit des Staates: Die Welt sei so komplex geworden, dass man auf ihn als großen Steuermann beim

Übergang in die postkapitalistische Gesellschaft nicht verzichten könne. Das Falsche der beiden Extrempositionen zu zeigen fällt nicht schwer – die erste kapituliert kurzerhand vor der großen Aufgabe der Wiederaneignung, die zweite täuscht sich über die Steuerbarkeit der kapitalistischen Ökonomie –, die Ausarbeitung eines Gegenentwurfs, der nicht spinnert-weltfremd erscheint, umso schwerer. Gerade weil die Commune im objektiven Gang der Geschichte nicht vorgezeichnet ist, muss über ihre Umrisse schon heute gesprochen werden. Je mehr sich die Lohnabhängigen darüber international verständigen, je klarer sich das ganz Andere vor ihren Augen abzeichnet, desto besser die Chancen, dass doch noch eine umwälzende Bewegung zustande kommt.

LITERATURHINWEISE

»Die Vergesellschaftung des Erkennens«, schreibt Johannes Agnoli 1975, »hat einen derart hohen Grad erreicht, daß ›Autoren‹ in Wirklichkeit kollektiv erarbeitete Materialien, Informationen und Reflexionen sowie kollektiv erfahrene Ergebnisse der Praxis lediglich registrieren und redigieren.« (Einleitung zu *Überlegungen zum bürgerlichen Staat*. Wagenbach, Berlin 1975). In diesem Sinn erheben wir keinen Anspruch auf Originalität. Anstatt neue »Ansätze«, »Paradigmen« oder »Theorieschulen« auszurufen, versuchen wir lieber, mit dem Gedankenreichtum aus circa zwei Jahrhunderten moderner Klassenkämpfe etwas anzufangen; fast alles ist längst gesagt, wir sagen es in der heutigen Situation nur ein bisschen anders. Im Einzelnen (die Ziffern beziehen sich auf die Textabschnitte):

Einleitung
Ausführlicher zum heutigen Überschuss an Arbeitskraft: Freundinnen und Freunde der klassenlosen Gesellschaft, »Reflexionen über das Surplus-Proletariat, Phänomene, Theorie, Folgen«, in: *Kosmoprolet*, Nr. 4, 2015; Endnotes, »Elend und Schulden. Zur Logik und Geschichte von Überschussbevölkerungen und überschüssigem Kapital«, in: ebd.

Auf die sogenannte Flüchtlingskrise beziehen wir das Phänomen in dem zweiteiligen Artikel »Subtile Härte«, in: *konkret*, Nr. 10–11, 2016. Zum arabischen Frühling: Freundinnen und Freunde der klassenlosen Gesellschaft, »Arabischer Frühling im Herbst des Kapitals«, in: *Kosmoprolet*, Nr. 3, 2011; zu den jüngeren Bewegungen seit dem Krisenausbruch 2008 siehe das Editorial in derselben Ausgabe. Alle genannten Texte sind im Netz auf kosmoprolet.org nachzulesen.

Das Zitat von Joshua Clover stammt aus »Eine Theorie des Aufstands«, in: Karl-Heinz Dellwo/Achim Szepanski/Paul Weiler (Hg.), *Riot. Was war da los in Hamburg? Theorie und Praxis der kollektiven Aktion*. Laika, Hamburg 2018, S. 158. Clovers Buch *Riot. Strike. Riot. The New Era of Uprisings* (Verso, London/New York 2016) ist breit diskutiert worden. Zur Frage, ob »die Rechte Recht hat«, äußert sich Ellen Meiksins Wood in ihrer exzellenten Aufsatzsammlung *Demokratie contra Kapitalismus. Beiträge zur Erneuerung des historischen Materialismus*. ISP, Karlsruhe 2010, S. 290. Das Zitat von Eribon findet sich in *Rückkehr nach Reims*. Suhrkamp, Berlin 2016, S. 145.

28 Thesen zur Klassengesellschaft

3. Zum relativen Mehrwert: Karl Marx, *Das Kapital*, Bd. 1, MEW 23, S. 531–556. Nach Marx ist der Arbeitstag der Lohnarbeiterin unterteilt in die Zeit, in der sie den Gegenwert der für ihr Überleben notwendigen Lebensmittel produziert (»notwendige Arbeit«), und die Zeit, die sie darüber hinaus arbeitet (Mehrarbeit für das Kapital). Diese kann wachsen, ohne dass der Arbeitstag länger wird: Wenn in den Branchen, die die Lebensmittel der Lohnarbeiterinnen herstellen, die Produktivität steigt und die Lebensmittel entsprechend billiger werden, schrumpft stattdessen der erstgenannte Teil des Arbeitstags. Einfach gesagt: Mit steigender Produktivität ist insgesamt weniger Arbeitszeit nötig, um die Arbeiterinnenklasse auf einem gegebenen Niveau am Leben zu halten; dadurch wird mehr Arbeitszeit frei, die sich das Kapital aneignen kann.

5. Gruppe Internationaler Kommunisten Hollands, »Die Gegensätze zwischen Luxemburg und Lenin« (1935), in: Gottfried Mergner (Hg.), *Gruppe Internationaler Kommunisten Hollands.* Rowohlt, Reinbek bei Hamburg 1971, S. 175.

10. Raoul Vaneigem, *Handbuch der Lebenskunst für die jungen Generationen* (1967). Edition Nautilus, Hamburg 1980, S. 62.

13. Werner Imhof, »Was heißt: Selbstaufhebung des Proletariats?« (2005; im Netz); Marx, »Zur Judenfrage«, in: Marx-Engels-Werke (MEW), Bd. 1, S. 370.

14. Marx, »Kritik des Gothaer Programms«, in: MEW, Bd. 19, S. 20.

15. Henk Canne Meijer, »Das Werden einer neuen Arbeiterbewegung« (1935), in: Mergner (Hg.), *Gruppe Internationaler Kommunisten Hollands*, S. 152.

16. Situationistische Internationale, »Über das Elend im Studentenmilieu« (1966), in: dies., *Der Beginn einer Epoche. Texte der Situationisten.* Edition Nautilus, Hamburg 1995, S. 230; Marx, *Grundrisse der Kritik der politischen Ökonomie*, MEW, Bd. 42, S. 601.

17. Comitato Operaio di Porto Marghera, »Verweigerung der Arbeit«, in: Toni Negri u.a., *Krise des Planstaats. Kommunismus und revolutionäre Organisation.* Merve Verlag, Berlin 1973, S. 65.

18. Guy Debord, *Die Gesellschaft des Spektakels* (1967). Edition TIAMAT, Berlin 1995, S. 38 (§ 47); Marx, »Ökonomisch-philosophische Manuskripte«, MEW, Ergänzungsband 1, S. 542.
22. Marx, *Das Kapital*, MEW, Bd. 23, S. 675.
28. Hans-Jürgen Krahl, »Über Reform und Revolution«, in: ders., *Konstitution und Klassenkampf. Zur historischen Dialektik von bürgerlicher Emanzipation und proletarischer Revolution.* Verlag Neue Kritik, Frankfurt/M. 1971 (Neuauflage 2008), S. 277.

Thesen zur Krise
1. Zitate von Karl Heinz Roth aus: »Globale Krise – Globale Proletarisierung – Gegenperspektiven« (2008, im Netz). Zitat der IWW aus »Programm und Aufgaben. Die Todeskrise des kapitalistischen Systems und die Aufgaben des Proletariats« (1933, im Netz).
2. Zur marxistischen Analyse der Krise siehe Sander, »Eine Krise des Werts« (2009, in: *Kosmoprolet* 2; im Netz). Zitat von Paul Mattick [Jr.] aus: »Ups and Downs: The economic crisis« (2009; im Netz). Zitate von Marx aus *Das Kapital*, Bd. 3, MEW 25.
3. Siehe Paul Mattick, *Marx und Keynes. Die Grenzen des gemischten Wirtschaftssystems* (1969). EVA, Frankfurt/M. 1971. Das Zitat ist aus ders., »Krisen und Krisentheorien«, in: ders./Christoph Deutschmann/Volkhard Brandes, *Krisen und Krisentheorien.* Fischer, Frankfurt/M. 1974.
4. Als Beispiel für eine Fehldeutung der Krise als Ausdruck von Arbeitermacht behauptet zum Beispiel David Harvie: »In den USA hat eine (überwiegend schwarze) ArbeiterInnenklasse eine Krise ausgelöst, indem sie die

für sie vorgesehene Rolle und die darin implizite Berechnung verweigert hat.« (»Das Maß eines Monsters«, in: *Turbulence*, 2008; im Netz). Zur Vermittlung von objektiven Krisentendenzen und Klassenkampf: Ron Rothbart »Ökonomisches Gesetz und Klassenkampf« (1980; im Netz).
5. Zur Illustration des fiktiven Kapitals dient folgendes Beispiel: Beträgt das jährliche Einkommen 10 Euro und der Zinsfuß zehn Prozent, so ist der Preis des entsprechenden Titels 100 Euro, sinkt der Zinsfuß auf zwei Prozent, so steigt der Preis auf 500 Euro, denn ein Geldkapital von 500 Euro würde bei einem Zinsfuß von zwei Prozent 10 Euro abwerfen. Derselbe Preis wird auch erreicht beim gleichem Zinsfuß von zehn Prozent, wenn das erwartete Einkommen auf 50 Euro steigt. Vgl. Marx, *Das Kapital*, Bd. 3, MEW 25, Kap. 29, insbes. S. 485 ff.
7. Zitat von Karl Marx aus *Grundrisse der Kritik der politischen Ökonomie*. Dietz, Berlin 1953, S. 322. Zitat von Johannes Agnoli aus »Der Staat des Kapitals« (1975), in: ders.: *Der Staat des Kapitals und weitere Schriften zur Kritik der Politik*. ça ira, Freiburg 1995, S. 77.
9. Zitat von Loren Goldner aus »The Biggest ›October Surprise‹ Of All: A World Capitalist Crash« (2008, im Netz). Zitat von Max Horkheimer aus »Autoritärer Staat« (1940/1942), in: ders. et al., *Wirtschaft, Recht und Staat im Nationalsozialismus. Analysen des Instituts für Sozialforschung 1939–1942*. Hg. v. Helmut Dubiel u. Alfons Söllner. EVA, Frankfurt/M. 1981, S. 64.

Umrisse der Weltcommune
1. Zitat von Guy Debord aus *Die Gesellschaft des Spektakels* (1967). Edition TIAMAT, Berlin 1996; Engels: *Die*

Entwicklung des Sozialismus von der Utopie zur Wissenschaft, in: MEW 19; Marx: *Das Kapital*. MEW 23; Benjamin: Brief an Werner Kraft vom 26. Juli 1934, in: *Gesammelte Briefe IV*. Suhrkamp, Frankfurt/M. 1998. Die verbreiteten Einwände gegen die Frage, was Kommunismus sein soll, hat die Gruppe Pæris widerlegt: »Spinner, Utopisten, Antikommunisten. Gegen das Festhalten am Bilderverbot und für eine Verständigung über Kommunismus«, in: *Phase 2*, Nr. 36, 2010 (im Netz). Die Frankfurter selbst waren in puncto Bilderverbot übrigens keine Pedanten. Horkheimer meinte, das Bewusstsein, dass nicht versprengte Theoretiker, sondern nur die sich befreienden Menschen selbst über die neue Gesellschaft entscheiden können, werde »keinen, der zur Möglichkeit der veränderten Welt steht, davon abhalten, zu überlegen, wie die Menschen am raschesten ohne Bevölkerungspolitik und Strafjustiz, ohne Musterbetriebe und unterdrückte Minoritäten leben können« (»Autoritärer Staat«, 1940/1942, in: *Gesammelte Schriften*, Bd. 5. Fischer, Frankfurt/M. 1987). Adorno notierte: »Das Verbot auszudenken, wie es sein solle, die Verwissenschaftlichung des Sozialismus, ist diesem nicht nur zum Guten angeschlagen.« (»Vorwort zur deutschen Übertragung der Quatre Mouvements von Charles Fourier«, 1966, in: Adorno, *Gesammelte Schriften*, Bd. 20.2. Suhrkamp, Frankfurt/M. 1986). Erschütternde Beispiele für linkes Technikvertrauen bieten aktuell Paul Mason, *Postkapitalismus*. Suhrkamp, Berlin 2016, und die »Akzelerationisten« (Nick Srnicek/Lex Williams, *Die Zukunft erfinden*. Edition TIAMAT, Berlin 2017), die mit ihrem Eintreten für die Schimäre »Grundeinkommen« vor allem den Verfall von Klassenbewusstsein »akzelerationieren«. Eine vernichtende Kritik an

Mason hat Rainer Fischbach vorgelegt, komischerweise ein Linkskeynesianer: *Die schöne Utopie. Paul Mason, der Postkapitalismus und der Traum vom grenzenlosen Überfluss*. PapyRossa, Köln 2017.

2. An Marx' Zwei-Phasen-Modell (*Kritik des Gothaer Programms*, in: MEW 19; im Übrigen eine hellsichtige Kritik an der Staatsvergötterung der deutschen Sozialdemokratie) und die darin enthaltene Kopplung von geleisteter Arbeit und Konsumtion schließen aktuell unter anderem an: der Neoleninist Dietmar Dath mit seinen »Arbeitszeitkonten« (*Klassenkampf im Dunkeln*. KVV Konkret, Hamburg 2014), der antiautoritäre Marxist Peter Hudis (*Marx's Concept of the Alternative to Capitalism*. Brill, Leiden/Boston 2012), W. Paul Cockshott und Allin Cottrell (*Alternativen aus dem Rechner. Für sozialistische Planung und direkte Demokratie*. PapyRossa, Köln 2012) und viel zu viele andere. Unsere Kritik daran folgt über weite Strecken dem exzellenten Beitrag von Raoul Victor, »The Economy in the Transition to a Communist Society«, in: *Internationalist Perspective*, Nr. 61, 2016 (im Netz). Zitat von Kropotkin aus *Der Anarchismus* (1896; im Netz).

3. Zitat von Marx/Engels: *Die deutsche Ideologie*, in: MEW 3; Zitat von Marcuse: *Kultur und Gesellschaft*, Bd. 2. Suhrkamp, Frankfurt/M. 1965. Eine immer noch brillante Kritik der Maschinerie in Anlehnung an Marx' Maschinenkapitel (*Das Kapital*, MEW 23, Kap. 13) liefert der italienische Operaist Raniero Panzieri: »Über die kapitalistische Anwendung der Maschinerie im Spätkapitalismus«, in: *Spätkapitalismus und Klassenkampf. Eine Auswahl aus den Quaderni Rossi*. EVA, Frankfurt/M. 1972. Für die Diskussion innerhalb der Kritischen Theo-

rie finden sich wichtige Anregungen bei Herbert Marcuse: *Der eindimensionale Mensch*. Luchterhand, Darmstadt/Neuwied 1967, sowie bei Hans-Dieter Bahr: *Kritik der »politischen Technologie«*. EVA, Frankfurt/M. 1970. Die Keimform-Theorie lässt sich in diversen Texten auf dem gleichnamigen Blog nachvollziehen. Eine Darstellung der neuen Technologien gibt es – selbstverständlich nicht ohne ein Plädoyer für das Grundeinkommen – bei den beiden Sprecherinnen des Chaos Computer Club, Frank Rieger und Constanze Kurz: *Arbeitsfrei. Eine Entdeckungsreise zu den Maschinen, die uns ersetzen*. Riemann, München 2013. Wesentlich kritischer und unter Einbeziehung der Arbeitsbedingungen: Matthias Becker, *Automatisierung und Ausbeutung: Was wird aus der Arbeit im digitalen Kapitalismus?* Promedia, Wien 2017. Des Weiteren eine gelungene Darstellung einer Arbeiteruntersuchung bei Amazon: Georg Barthel/Jan Rottenbach, »Reelle Subsumtion und Insubordination im Zeitalter der digitalen Maschinerie. Mit-Untersuchung der Streikenden bei Amazon in Leipzig«, in: *PROKLA*, Nr. 187, 2017; im Netz) und eine lesenswerte akademische Untersuchung zur Roboterisierung in China: Yu Huang/Naubahar Sharif, »From ›Labour Dividend‹ to ›Robot Dividend‹. Technological Change and Labour Power in South China«, 2017; im Netz).
4. Vgl. David Graeber, »On the Phenomenon of Bullshit Jobs: *A Work Rant*«, in: *Strike! Magazine*, Nr. 3, 2013 (im Netz); Zitat von Meinhard Creydt: *46 Fragen zur nachkapitalistischen Zukunft. Erfahrungen, Analysen, Vorschläge*. Westfälisches Dampfboot, Münster 2016.
5. In »Ratschläge für die Zivilisierten, die generalisierte Selbstverwaltung betreffend« (1969, in: Situationistische

Internationale, *Der Beginn einer Epoche.* Edition Nautilus, Hamburg 2008, S. 293 ff.; im Netz), einem immer noch lesenswerten Revolutionsszenario, nennt Raoul Vaneigem als Beispiele für die »parasitären Sektoren, die auf Beschluss der Versammlungen einfach abgeschafft werden«, etwas ungenau »Verwaltung, Büros, Produktionsstätten des Spektakels und der reinen Ware«. Wer heute in einer spätkapitalistischen Dienstleistungsmetropole wie Berlin lebt, fragt sich, was außer den Krankenhäusern und Verkehrsbetrieben eigentlich nicht in diese Kategorie fällt. Zu den suburbanen Nichtorten: Guy Debord, *Gesellschaft des Spektakels* (1967). Edition TIAMAT, Berlin 1996 (Kapitel VII). Zum ungelösten Energieproblem: Rainer Fischbach (*Mensch – Natur – Stoffwechsel.* PapyRossa, Köln 2016) zeigt, dass die erneuerbaren Quellen hoffnungslos überschätzt werden und eine drastische Absenkung des Energieverbrauchs angezeigt ist, um den bereits spürbaren Klimawandel wenigstens einzudämmen. Den grünalternativen Fetisch der kleinteilig-lokalen Produktion greift er mit Blick sowohl auf Energieversorgung als auch auf die Industrie an (nur ein großräumiges Energienetz kann die Schwankungen erneuerbarer Energiequellen ausgleichen, und standardisierte Massenproduktion verbraucht am wenigsten Energie, Ressourcen und Arbeitskraft; darauf beziehen wir uns in Punkt 7, eher widerwillig, weil uns auch ohne grünalternative Neigungen Dezentralisierung eigentlich vorteilhaft scheint).

6. Adornos »Thesen über Bedürfnis« (1942, in: *Gesammelte Schriften*, Bd. 8. Suhrkamp, Frankfurt/M. 2003) sind ein Revolutionsprogramm auf nur viereinhalb Seiten. Zum »Recht auf Einsamkeit«: Marcuse, *Über Revolte, Anarchismus und Einsamkeit.* Arche, Zürich 1969.

Zum *luxe communal*: Kristin Ross, *Communal Luxury. The Political Imaginary of the Paris Commune*. Verso, London/New York 2015. Ross legt Momente der Pariser Commune von ungemeiner Aktualität frei: Schon 1871 wurden die Trennung von Kopf- und Handarbeit, das hierarchische Geschlechterverhältnis, die Kunst als vom Alltagsleben getrenntes Luxusgut, der Staat und die Nation praktisch infrage gestellt. Wenn wir im vorliegenden Text häufiger von der *Commune* als von *Kommunismus* reden, dann nicht nur aufgrund der vielleicht unwiderruflichen Kontaminierung des letzteren Begriffs mit der Geschichte der staatssozialistischen, nicht selten massenmörderischen Regime des 20. Jahrhunderts, sondern auch zur Kenntlichmachung eines verborgenen Fadens der Subversion, der vom noch vorindustriellen Paris des Jahres 1871 in die Gegenwart des High-Tech-Kapitalismus führt.

7. Marx, *Der Bürgerkrieg in Frankreich*, in: MEW 17; Anton Pannekoek, »Die Räteorganisation«, in: *Arbeiterräte*. Germinal, Fernwald 2008. Dazu auch: Alex Demirovic, »Rätedemokratie oder das Ende der Politik«, in: *PROKLA*, Nr. 155, 2009 (im Netz), der vor allem das restlose Aufgehen von Politik in Wirtschaft problematisiert. Zur Rechtskritik: Eugen Paschukanis, *Allgemeine Rechtslehre und Marxismus* (1924). ça ira, Freiburg 1991. Zu Gefängnissen: Emma Goldman, »Prisons: A Social Crime and Failure« (1910), in: *Anarchism and Other Essays*. Dover, New York 1969.

8. Zitat aus Kat Lux/Johannes Hauer/Marco Bonavena, »Der halbierte Blick. Gedanken zum Geschlechterverhältnis im *Kommenden Aufprall*«, in: *diskus*, Nr. 216, 2017 (im Netz).

VERÖFFENTLICHUNGSNACHWEISE

»28 Thesen zur klassenlosen Gesellschaft«, in: *Kosmoprolet,* Nr. 1, 2007, S. 10–51.
»Thesen zur Krise«, in: *Kosmoprolet,* Nr. 2, 2009, S. 16–49.
»Umrisse der Weltcommune«, in: *Kosmoprolet,* Nr. 5, 2018, S. 14–47.

Die Texte wurden für die vorliegende Neuausgabe geringfügig überarbeitet.

9. Der bis heute programmatische »wertkritische« Text zur Aufhebungsfrage ist Robert Kurz, »Antiökonomie und Antipolitik. Zur Reformulierung der sozialen Emanzipation nach dem Ende des ›Marxismus‹«, in: *krisis*, Nr. 19, 1997 (im Netz). War bei Kurz noch eine vage Ahnung von den Grenzen evolutionärer Veränderung vorhanden, trauen Wertkritiker heute Parteien »wie Syriza und Podemos, die ja aus den sozialen Protestbewegungen hervorgegangen sind, durchaus eine wichtige Funktion« für die Aufhebung der Warengesellschaft zu (Norbert Trenkle, »Gesellschaftliche Emanzipation in der Krise«, 2015; im Netz). Dem Beitrag »Insurrection and Production« (2016; im Netz) der Angry Workers of the World (London) ist breite Diskussion zu wünschen. Sie überlegen am Beispiel des britischen Inselreichs ungewöhnlich konkret, wie eine proletarische Revolution heute verlaufen könnte. Wir hoffen, dass der von ihnen angepeilte 9-Stunden-Tag wirklich nur in der Anfangszeit gilt.